阶跃型突变需求下
供应链生产库存管理策略研究

RESEARCH ON PRODUCTION-INVENTORY MANAGEMENT STRATEGY
UNDER STEP-CHANGE DEMAND DISRUPTION

徐小玲　李芹芹◎著

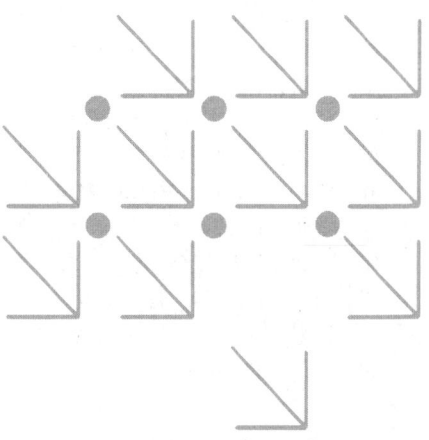

图书在版编目（CIP）数据

阶跃型突变需求下供应链生产库存管理策略研究/徐小玲，李芹芹著 . —北京：经济管理出版社，2021.6

ISBN 978 - 7 - 5096 - 8102 - 2

Ⅰ.①阶… Ⅱ.①徐… ②李… Ⅲ.①供应链管理—仓库管理—研究 Ⅳ.①F253

中国版本图书馆 CIP 数据核字（2021）第 131135 号

组稿编辑：丁慧敏
责任编辑：丁慧敏　吴　倩
责任印制：黄章平
责任校对：陈　颖

出版发行：经济管理出版社
（北京市海淀区北蜂窝 8 号中雅大厦 A 座 11 层　100038）
网　　址：www.E - mp.com.cn
电　　话：（010）51915602
印　　刷：唐山玺诚印务有限公司
经　　销：新华书店
开　　本：720mm×1000mm/16
印　　张：12.25
字　　数：167 千字
版　　次：2021 年 7 月第 1 版　2021 年 7 月第 1 次印刷
书　　号：ISBN 978 - 7 - 5096 - 8102 - 2
定　　价：59.00 元

·版权所有　翻印必究·
凡购本社图书，如有印装错误，由本社读者服务部负责调换。
联系地址：北京阜外月坛北小街 2 号
电话：（010）68022974　邮编：100836

前　言

随着科学技术的飞速发展和全球一体化的快速推进，供应链在时间和空间范围内快速延伸，逐步演化成一个分布范围越来越广的复杂网络系统。以精益生产、全球采购以及业务外包等为核心的传统供应链管理理念注重正常运营状态下成本效率的提高，但复杂的供应链网络在越来越不确定的运营环境中更加容易遭受中断风险的冲击，产生需求突变。在这样的背景下，阶跃型突变需求下的供应链管理得到越来越多的关注，其研究目的在于降低中断事件给供应链带来的损失，并使其快速从中断事件中恢复到正常运作状态。本书以阶跃型突变需求下的供应链为研究对象，以降低应对中断事件的成本和供应链系统尽快恢复到良好运营状态为目标，研究供应链系统的动力学行为及生产库存管理策略。

在不考虑订单提前期的情况下，研究阶跃型突变需求下供应链系统的动力学行为。构建基于非线性动力学理论的状态空间模型，分析供应链系统的稳定性，引入了两个新的指标度量突变需求下供应链系统的恢复能力。研究系统最终趋向于稳定状态的收敛时间，寻找使供应链成员的库存和订单尽快趋向于稳定的库存管理策略。仿真结果分析了库存管理参数及需求突变强度对收敛时间的影响。

在考虑订单提前期的情况下，研究阶跃型突变需求下供应链系统的动力学行为。构建基于非线性动力学理论的状态空间模型，分析供应链系统的稳定性，用收敛时间和瞬时订单放大率衡量供应链绩效。研究系统最终趋向于稳定状态的收敛时间，寻找使供应链成员的在库库存、在途库存和订单尽快趋向于稳定的库存管理策略。分析供应链库存管理策略相关参数以及订单提前期对供应链成员库存和订单动力学行为的影响。

研究阶跃型突变需求下从调节生产率角度出发的供应链生产库存计划再调整策略。从影响产品输出量的一个关键因素——生产率入手，分别建立正常运作状态下和需求中断情况下的最优生产库存模型，从调整生产率和外部补货两个角度，研究不同中断情形下生产商如何通过产品的生产率调整策略来调节供应量，实现需求与供应的重新匹配，降低需求中断带来的损失。通过算例仿真分析需求中断相关参数对生产库存策略的影响。

同时考虑供应中断和需求中断情况下从调节生产时间角度出发的供应链生产库存计划再调整策略。从影响产品输出量的另一个关键因素——生产时间入手，分别建立正常运作状态下、供应端或需求端发生中断情况下以及供应端和需求端都发生中断情况下的最优生产库存模型。从调整生产时间和外部补货两个角度，研究不同中断情形下生产商如何通过产品的生产时间调整策略来调节供应量，实现需求与供应的重新匹配，降低需求中断和供应中断带来的损失。通过算例仿真分析需求中断和供应中断相关参数对生产库存策略的影响。

本书的研究成果有利于丰富和完善供应链生产库存管理相关研究理论和方法，帮助企业降低供应链中断事件造成的损失，使企业在突发中断事件的影响下能够保持良好的运营状态。

本书由徐小玲统一规划、整理、主持编写，参与本书写作的作者还有王海燕、李芹芹、韩世莲、郭海兰、郭存山。本书从开始规划、斟酌内容、反复修改，到最终定稿，历时一年的时间。在此对参与写作的所有作者表示诚挚的敬意和感谢。本书能顺利出版还要特别感谢南京财经大学营销与物流管理学院的各位领导和老师，感谢他们给予的支持和帮助，感谢物流专业一级学科经费的资助。

目 录

第1章 绪论 ··· 1

1.1 研究背景和意义 ··· 3
1.2 国内外研究现状 ··· 5
    1.2.1 供应链动力学行为研究 ··· 5
    1.2.2 中断情况下供应链管理策略研究 ······························ 9
    1.2.3 供应链生产库存策略研究 ······································ 14
1.3 研究内容与框架 ·· 18

第2章 阶跃型突变需求下无订货提前期时库存的动力学行为分析及管理策略 ·· 21

2.1 引言 ··· 23
2.2 假设和模型 ·· 24
2.3 需求突变发生前库存的收敛性分析 ································· 26
2.4 需求突变发生后库存的收敛性分析 ································· 27
2.5 阶跃型需求突变前后的订单放大率 ································· 38

2.6 本章小结 ……………………………………………………………… 39

第3章 阶跃型突变需求下存在订货提前期时库存的动力学行为分析及管理策略 …………………………………………… 41

3.1 引言 …………………………………………………………………… 43
3.2 假设和模型 …………………………………………………………… 45
3.3 需求突变发生前库存的收敛性分析 ………………………………… 46
3.4 需求突变发生后库存的收敛性分析 ………………………………… 48
3.5 突变发生前后订单放大率分析 ……………………………………… 59
3.6 本章小结 ……………………………………………………………… 60

第4章 阶跃型确定性需求下生产库存管理策略 …………………… 63

4.1 引言 …………………………………………………………………… 65
4.2 模型与假设 …………………………………………………………… 67
4.3 不发生需求突变时的生产—库存模型 ……………………………… 69
4.4 阶跃型需求突变下的生产库存管理策略 …………………………… 70
  4.4.1 需求突变发生在生产完成之前的生产—库存模型 ($t_d < T$) …………………………………………………… 70
  4.4.2 需求突变发生在生产完成之后的生产—库存模型 ($t_d \geq T$) …………………………………………………… 77
4.5 数值仿真 ……………………………………………………………… 80
  4.5.1 需求突变强度对生产库存策略的影响 ……………………… 80
  4.5.2 需求突变时间对生产库存策略的影响 ……………………… 83
4.6 本章小结 ……………………………………………………………… 85

第5章 阶跃型生产和需求双突变下生产库存管理策略 …… 89

5.1 引 言 …… 91
5.2 假设和模型 …… 92
5.3 生产或需求发生突变下的生产库存决策 …… 95
5.4 生产和需求都发生突变下的生产库存决策 …… 98
5.4.1 第二次突变发生在生产完成之前（$t_2 < T_1$） …… 98
5.4.2 第二次突变发生在生产完成之后（$t_2 \geq T_1$） …… 114
5.5 算例仿真 …… 118
5.5.1 需求突变强度对生产库存策略的影响 …… 119
5.5.2 需求突变时间对生产库存策略的影响 …… 120
5.5.3 生产突变强度对生产库存策略的影响 …… 122
5.5.4 生产突变时间对生产库存策略的影响 …… 124
5.6 管理意义及结论 …… 126

第6章 多级供应链中影响捐赠意愿的障碍和慈善商店作用的研究 …… 129

6.1 引言 …… 131
6.2 文献综述 …… 132
6.3 研究方法 …… 143
6.4 研究分析与研究意义 …… 153
6.5 贡献和局限性 …… 160

第7章 研究总结与展望 …… 163

7.1 研究总结 …… 165
7.2 本书主要创新点 …… 167

7.3 研究展望 …………………………………………… 168

参考文献 …………………………………………………… 170

后　记 …………………………………………………… 187

第 1 章

绪论

第1章 绪论

随着全球化进程加深以及市场竞争的加剧,影响较高的中断事件已经成为以全球化采购、精益化生产以及业务流程外包等为核心管理策略的供应链管理中面临的最大威胁。中断事件不可预测并且无法避免,中断发生后,如何快速响应,降低中断事件造成的损失,并能够在中断事件后快速恢复至稳定状态是供应链管理亟须解决的关键问题。因此,开展供应链库存管理策略研究,为企业快速、有效地应对中断事件,维持供应链正常运营提供科学决策依据,具有重要的理论意义和实践价值。

1.1 研究背景和意义

供应链是一个由供应商、制造商、分销商和零售商以及最终客户共同组成的实现从原材料到产成品,并最终满足客户需求的复杂系统。随着经济全球化的不断加深,企业间相互依存加深,供应链规模不断扩大。伴随全球化采购、精益供应和单源供应以及非核心业务外包等业务模式的不断深化,供应链在时间上越来越短,空间上分布区域越来越广泛。这种时空的变化使得供应链系统越来越复杂,遭受外界扰动的可能性逐步增加,同时也使得供应链发生具有小概率、高危害特性的中断事件的概率逐步增加。

管理实践中,中断事件无法预测并且不可避免,使供应链的经营环境越来越复杂,不确定因素越来越多。随着经济全球化的发展、自然环境的恶化以及市场竞争的加剧,自然灾害、重大公共卫生事件、国际政治事件、工人罢工、恐怖袭击导致全球范围内灾难频发,使供应链各环节不断发生突变事件,进而给整个供应链乃至经济社会带来巨大损失,给世界范围内的供应链管理带来了新的问题和挑战。

与此同时,随着互联网经济的快速发展,不确定性需求是商业运营中的一种常见现象。市场需求呈现出越来越明显的差异性、虚拟性、个性化以及动态性等特征,顾客对产品和服务的要求越来越高。需求的不确定性使资源配置的效率降低,对供应链各成员造成不同程度的负面影响。一方面,由于市场的实际需求很难把握,销售商无法制定最优的补货策略;另一方面,需求的不确定性使得制造商很难制订生产库存计划,产能不够或过剩都会导致成本提高。调查显示,需求不确定性使得供应链销售成本增加25%,生产成本增加12.5%。需求的不确定性每年对美国服装行业造成的损失高达250亿美元,这种由需求不确定性造成的损失甚至超过了产品本身的制造成本,甚至可能引起整个供应链失效或崩溃,此类案例近年来屡见不鲜。2009年,甲型H1N1流感在世界范围内迅速发展,在防治过程中,抗病毒口服液、连花清瘟胶囊以及磷酸奥司他韦胶囊等相关药物的需求呈爆发式增长。2011年央视曝光双汇在食品生产中使用"瘦肉精"猪肉,一时间,市场哗然,需求暴跌,双汇股价一路下行至跌停。昆山中荣工厂是美国通用汽车的指定供应商,该工厂2014年发生的"8·2"特别重大爆炸事故,对通用汽车的生产和供货产生了一定的影响,通用汽车的诚信遭到很多消费者的质疑,需求发生波动。从2009年开始,每年"双十一",以天猫、京东、苏宁易购为代表的电子商务网站进行一些大规模的打折促销活动刺激消费,需求发生爆炸式增长,2015年第七个"双十一"更是创造了全天交易额达912.17亿元的纪录。

突发事件严重影响供应链的正常运营,美国Gartner公司的一份研究表明,全球1/5的企业遭受中断事件的影响,其中3/5的企业不得不走向倒闭的结局。在这种背景下,企业界和学术界也开始关注不确定环境下供应链管理问题。为了降低成本,提高供应链的整体利润,供应链各成员通过制定最优的生产库存策略满足市场需求,提高顾客满意度,降低突发事件对供应链造成的损失,使供应链在发生突发事件后尽快恢复到稳定状态。因此,研究不确定性需求下供应链库存管理策略对于指导管理实践,提高突变事件发生后供应链绩效具有非常重要的意义。

在这样的背景下,本书依托国家自然科学基金项目"突变型顾客需求下供应链库存管理策略研究(71171049)",在阶跃型确定性需求下,从供应链绩效度量出发,研究库存管理策略对供应链系统内在动力学行为的影响,并在此基础上分别从调节生产时间和调节生产率两个角度提出最优的生产库存策略,为突变需求下的供应链库存管理提供理论指导。本书的研究成果,一方面可以丰富和完善供应链库存管理相关研究的理论方法体系,从新的角度提出了寻找有效的供应链库存管理策略的途径和手段;另一方面可以提高供应链成员在面对顾客突变需求和不确定性需求时的应对能力,提高供应链的竞争力。

1.2 国内外研究现状

1.2.1 供应链动力学行为研究

随着供应链管理领域的不断发展,越来越多的学者和管理者认识到企业与企业之间的竞争不单单着眼于简单个体因素,而供应链之间所掌控资源的较量越来越剧烈。系统论的思想被用以优化配置供应链中的物流、资金流和信息流,使管理者响应市场需求的速度得到了很大提高。供应链各成员之间存在复杂的相关性,供应链的研究要素随着内、外部环境的不断变化而变化,因此供应链系统是一个复杂的动力学系统。随着非线性科学和复杂性科学的不断发展，对供应链系统的动力学行为研究引起了研究者的兴趣。

早在 1958 年，随着 *Industrial Dynamics – A Major Breakthrough for Decision Makers* 的发表，系统动力学初步形成。接着，*Industrial Dynamics* 在 1961 年出版，当时系统动力学主要用于研究工业系统。随后，*Principle of System*、*Urban Dynamics* 以及 *World Dynamics* 三本专著相继出版，标志着工业动力学逐步向较大规模的社会、经济领域延伸。"工业动力学"于 1971 年被更名为"系统动力学"。系统动力学理论方法被广泛应用于企业管理、证券市场行为、项目管理、公共管理及策略、自然科学与社会科学等领域。

从系统控制的角度，系统稳定性是指当一个处于平衡状态的系统受到外来作用的影响后，通过自我调整过程，经过一段时间的震荡仍然能够回到原来的平衡状态。供应链系统的平衡状态是指供应链各节点企业的输入和输出之间达到动态平衡，即供应链各成员之间连接顺畅，实现连贯的生产，保有合理的库存，快速将正确的产品在正确的时间送到顾客手中，使各节点需求得到满足。供应链上任何一个节点的生产或销售等环节出现问题，如生产不足、库存过高等都将使整个供应链的供应和需求不能互相匹配，使供应链系统的平衡状态遭到破坏，从而对供应链稳定性造成不利影响。因此，在市场竞争激烈和顾客需求变幻莫测的情况下，确保供应链系统的相对稳定至关重要，稳定的运营状态既是系统存在和运行的前提，也是客户对供应链系统的基本要求。

Riddallsy 等（2002）以连续的啤酒游戏模型为研究对象，研究了一类连续非线性供应链系统的稳定性和鲁棒稳定性，指出库存管理策略影响供应链系统动力学行为，因此通过改变库存管理策略可以改善供应链系统动力学行为。Nagatani 等（2004）以由供应商、多个构成上下游关系的中间企业和顾客构成的线性供应链系统为研究对象，把供应链中各级库存作为状态变量，通过改变生产策略来改善供应链的稳定性。对一个由需求拉动的单级供应链系统，刘会新等（2004）建立了一类改进的最大库存策略下库存控制系统的状态空间模型，研究了订货策略参数的取值范围对系统稳定性的影响，指出系统的结构稳定性与外部需求无关，主要由订货策略的参数决定。以一个零售商和一个货源充足的外部供应商组成的单级供应链为研究对象，在不允许退货的限制下，刘会新（2007）研究了供应链系统的动态性，指出供应链系统产生的复杂动态行为是由系统中多个子系统之间的切换行为导致的。刘会新等（2005）建立了系统的切换模型，并对系统的模态及其稳定性进行分析，进而对整个二级供应链系统的动态性进行了分析。对于由一个零售商和一个分销商组成的二级供应链，Wang等（2007）建立了离散状态空间方程，在分销商库存受限制的情况下，分析了各子系统的稳定性及整个系统的动力学行为。Ouyang（2007）假设库存管理策略在线性时不变的情况下，研究了信息共享对供应链系统稳定性的影响。Sipahi等（2010）为了研究具有三种类型延迟的供应链库存的稳定性，建立了微分方程模型，指出了延迟可能是导致库存震荡的原因。Kim等（2008）研究了顾客突变型确定性需求下供应链系统的内生动力学行为，提出了相关的库存管理策略。Xu（2013）在Kim等研究的基础上，在阶跃型确定性需求下分析供应链系统的动力学行为，探讨在突变顾客需求下能使供应链绩效更优的相关管理策略。Zhang等（2012）研究了期望净库存量和期望在途库存量对订单和库存放大的影响。王海燕等（2012）为了研究期望净库存量和期望在途库存量对订单和库存放大的影响，建立了多输入多输出供应链系统状态空间模型，提出了期望净库存量和期望在途库存量的改进选取方法。王旭坪等（2015）以二级供应链模型为研究对象，建立物资调配全过程系统动力学仿真模型来研究考虑双层决策者风险感知的应急物资调配模型。

供应链系统是一个由众多要素组成的开放的复杂系统，多种因素同时作用于各系统状态的参数，系统状态随之不断发生变化，一旦偏离稳定状态，就会出现震荡、混沌、分叉等复杂动力学行为，这些复杂动力学行为有些是对系统有害的，这些行为无规律可循，使供应链各级成员的库存和订单发生剧烈变化，增加供应链管理难度和管理成本；有些是有益的。企业界和学术界一直致力于采取适当的方法控制对系统有害的动力学行为，利用对系统有益的。

Stermann（1989）首先提出了固定和调节启发式订单决策，建立了差分方程模型，并从实验角度说明了微观结构对宏观动力学行为的管理意义。Wilding（1998）观察到了供应链中的混沌行为，定义了确定性混沌，证明了供应链系统具有混沌系统的一些重要特征，并讨论了混沌对初始条件的敏感性、稳定性取值范围、生成模式等，研究了混沌理论对供应链管理的意义。Larsen 等（1999）根据 Stermann（1989）提出的固定和调节启发式订单决策，利用非线性动力学仿真分析工具研究了生产—分销系统中的各种动力学行为，借助 Lyapunov 指数来刻画不同的系统行为，发现供应链系统可以展示稳定的周期状态、拟周期状态以及混沌和超混沌运动。Onozaki 等（2000）构建了供应链系统的蛛网模型，通过解析分析的方法发现了可观测混沌和拓扑混沌，且当供应商调节产量越快和需求弹性越大时，市场行为越混沌，因此合理调节供应链产量成为供应链管理中的一个重要策略。Dessert 等（2002）通过研究制造过程中的混沌行为的产生机制，为更好地控制这种系统提供了相应策略。路应金等（2005，2006）研究了生产决策行为导致的集成供应链系统的混沌现象。Laugesen 等（2006）给出了啤酒游戏的分叉分析。对于生产—分销系统，Mosekilde 等（2007）在订货量非负约束的条件下，对分段线性问题建立了非线性库存模型，并研究了系统中的复杂动力学行为。Hwarng 等（2008）利用非线性动力学仿真分析工具，通过计算最大 Lyapunov 指数，研究了需求模式、补货决策、信息共享和提前期等因素的不同选择对生产—分销系统的复杂性和混沌行为的影响。Wang等（2009）以一个零售商和一个分销商组成的二级供应链为研究对象，建立了离散状态空间模型，在供货能力限制下，利用系统控制原理研究了供应链系统的订货策略。以三阶段的多变量生产—分销系统为研究对象，Garcia等（2013）设计了一个供应链切换控制系统，通过Z变换得到MIMO系统，分别在单阶段和多阶段系统中讨论了库存控制的影响。邱若臻等（2014）在离散需求情景概率不确定的条件下，建立了多周期库存鲁棒优化模型，给出了抑制不确定需求影响的管理策略。在不允许退货的限制下，Wang等（2014）假设市场需求为确定性的阶跃型需求，给出系统的稳定、周期、准周期以及混沌的边界。Hwarng等（2014）研究了当市场需求为不确定需求时，供应链系统的混沌行为。李卓群等（2016）研究了当供应链面对不确定需求时，并且同时存在供应能力限制和不允许退货两个前提下，非线性供应链系统的复杂动态行为。

通过上述目前国内外的研究现状发现，当顾客需求不是平稳随机过程时，受中断事件影响，供应链系统内在结构的复杂性和外部环境的随机性，都会造成库存和订单发生不确定性的变化，非线性动力学理论可以被用作刻画和描述由中断产生的波动性及混沌产生的不确定性。但是，对于稳定的供应链系统，当顾客需求发生中断时，供应链会经历一定的震荡，然后逐步恢复至稳定状态。如何使供应链收敛到新的稳定状态的时间尽可能短具有重要的管理意义，但这方面的研究并不多。

1.2.2 中断情况下供应链管理策略研究

近年来，供应链风险管理成为学者们关注的研究热点领域，2001年的"9·11"事件之后，供应链中断风险管理理论更是得到不断发展。国内外对供应链中断管理的研究从定性和定量两个方面展开，其中定性研究主要着眼于供应链中断风险的识别、评估和控制上，定量研究主要集中在基于需求中断风险和供应中断风险的供应链风险管理研究。

Lewis（2005）将供应中断、需求中断、经济中断归结为供应链中断风险中三类主要的中断。管理实践中，供应链中断无法避免且不可预料。供应链中断不仅对企业造成损失，而且对供应链系统乃至经济社会产生不利影响，增加管理实践的难度和管理成本。Kleindorfer 等（2005）认为，人为或自然灾害事件是引起供应链中断的原因。供应链中断可能由单因素触发也可能由多因素触发。本部分分别从需求端中断和供应端中断两个方面对供应链中断管理进行归纳。

1.2.2.1 需求端发生中断的供应链管理策略研究

Clausen 等（2001）首次提出了需求中断风险管理的概念。需求中断不只是客户订单的骤减，也可以表示为需求的突增。下面对不同形式的需求函数发生中断时的研究进行总结。

（1）确定型需求发生中断。常数需求突变。He 等（2012）建立了常数需求发生突变和产品为易逝品的生产库存系统，根据需求突变发生的时间及强度分四种情况讨论各种情形下制造商的最优生产时间以及补货策略。Qi 等（2009）假设供应商和零售商都面临随机中断并且需求中断导致零售商的库存全部损坏，分析供应链成员的库存成本函数，设计有效算法对最优订购量进行求解，通过分析顾客需求变化对成本函数的影响得出需求中断对需求满足率的影响。Surgut 等（2012）在此基础上假设需求中断不会导致零售商的库存全部损坏，提出了零库存订货策略的条件。Lodree（2011）研究了暴风雨即将到来导致需求发生突变时零售商的订货策略，第一次将极小极大决策标准应用到订货决策中。Ballard（2011）从三个方面研究了零售商在面对需求突变时的订货策略。

线性需求突变。线性需求突变是目前普遍采取的一种形式，许多学者以由一个供应商和一个零售商组成的二级供应链为对象，研究需求发生突变时供应链管理问题。Qi 等（2004）研究了在生产计划阶段需求规模发生突变并且导致供应商产生计划偏离成本时，通过调整原有的数量折扣契约使供应链重新协调。于辉等（2005）对 Qi 的模型进行改进，假设价格对需求的敏感系数引起需求扰动，研究了供应链协调问题，指出数量折扣契约具有抗突发事件性。Xu 等（2005）考虑了与 Qi 不同的生产成本形式，研究了需求中断管理及契约设计问题。

雷东等（2006）则考虑了市场需求规模和供应商成本都发生突变时的供应链协调问题。王传涛等（2010）在需求规模、需求价格敏感系数以及生产成本突变情况下，利用不同数量折扣的供应链契约来协调供应链。高波等（2011）在需求波动系数分布发生突变的情况下，考虑了供应链的最优应对策略，并通过调整收益共享契约来协调供应链。

许多学者以由一个供应商和多个零售商组成的供应链为对象，研究需求发生突变时供应链管理问题。Xiao 等（2005）研究了需求投资敏感系数发生突变前后的价格补贴契约设计。Xiao 等（2007）考虑了当制造商和零售商分别承担生产偏离成本时，一个零售商需求发生突变和两个零售商的需求都发生突变时供应链的协调问题。Xiao 等（2008）、曹二保等（2014）、Lei 等（2011）和 Cao 等（2013）研究了生产成本和需求都发生突变时供应链的协调问题。Chen 等（2009）研究了当需求都发生突变时供应链的协调问题。Chen 等（2011）研究了需求突变下主要零售商具有促销机会供应链的协调问题。Zhang 等（2012）分别在一个零售商的需求发生突变以及两个零售商的需求都发生突变的情形下研究供应链的协调问题。Huang 等（2012）研究了当市场需求规模发生突变时双渠道供应链的定价和生产决策。

非线性函数形式。Huang 等（2006）研究一种指数需求函数下当市场需求规模发生突变时供应链的协调问题。曹二保等（2010）研究在需求函数为指数形式时，当市场需求规模以及生产成本发生突变时，通过修改收益共享契约来协调由一个供应商和多个伯特兰德竞争的零售商组成的供应链系统。Cao 等（2013）进一步考虑了当相互竞争的零售商为古诺型时利用收益共享契约来协调供应链。Xu 等（2003）将需求函数推广到非线性函数形式，研究了契约设计问题。

（2）随机型需求发生中断。于辉等（2005a，2005b，2007）发现当需求分布发生突变时改进原有契约能使供应链具有抗突发事件性。杨智辉等（2010）研究了在需求分布和生产成本都发生突变情形下的供应链的协调问题。胡劲松等（2007）在三级供应链中研究了当市场需求分布发生变化时的供应链协调问题。庞庆华（2010）同样考虑了在市场需求分布发生变化时由制造商、分销商以及零售商组成的三级供应链的协调问题。

通过上述目前国内外的研究现状和发展动态可以看出，当顾客需求发生需求突变时，即顾客需求被描述成非平稳随机过程时，受需求突变影响，供应链系统的订单和库存会发生波动，面对这种不确定性，供应链各成员都会采取行动，从调整生产策略和补货策略角度进行调整，以降低突变带来的损失。

1.2.2.2 供应端发生中断的供应链管理策略研究

供应链内部运作的不确定性及外部环境的复杂性日益增加，企业每天都要解决各式各样的问题，其中如何应对供应中断是亟待解决的问题之一。精确化生产等企业改革行为更是增加了供应链中断风险的脆弱性。

供应中断在许多文献中被描述为随机供应，表现为产出量随机或者生产能力不固定。在产出量随机的情况下，Henig 等（1990）和 Parlar 等（1993）基于周期查库系统，对供应发生中断的供应链进行研究，提出相应的最优管理策略。Yano 等（1995）对这一领域进行详细的文献综述，发现这些研究着眼于最优策略的结构。Yang（2004）以周期查库的生产—库存系统为研究对象，研究了在供应和需求都具有不确定性时的生产库存控制问题。随后，一些学者将该领域应用到特定供应链中，如农产品供应链、食品供应链（Kazaz，2004）、再制造供应链（Mukhopadhyay 等，2009）。在生产能力不固定的情况下，Ciarallo 等（1994）研究了周期查库模型，指出 order－up－to 策略是最优的库存策略。Wang 等（1996）研究了当生产能力可变并且产出量随机的情况下的最优生产策略。Chao 等（2009）针对电信服务企业开展研究，模型假设在每个周期初，企业为了降低供应中断风险，通过加大设备投资来提高生产能力。Bai 等（2016）以石油供应链为研究对象，研究了在供应中断风险情况下最优的石油战略储备策略。

许多学者在动态环境下研究供应链定价和供应链协调问题。Federgryen 等（1999）在不存在固定的订货成本的模型中，研究了随机需求下的最优定价策略。Hou 等（2010）研究了当主要供应商遭受中断风险时，分销商跟回购供应商之间通过回购契约进行协调，给出了最优供应商个数以及供应链协调的条件。Li 等（2010）以由一个零售商和两个供应商组成的二级供应链为研究对象，在供应中断环境下，研究了零售商采取的采购策略以及供应商采取的定价策略。He 等（2015）比较了竞争情况下的两种采购策略，运用博弈论方法找出平衡点，指出最优的定价和订单联合决策。

Lena 等（2013）研究了中断风险下多采购库存模型。为了满足市场需求，降低供应中断给企业带来的损失，采取多种应对措施，如多源采购（Yu 等，2009；Anupindi 等，1993；Tomlin，2005；Babich 等，2012）；可替代的供应商和选择备用生产（Serel 等，2001；Kouvelis 等，2002；Babich，2006、2007；Deng 等，2005）；提高供应链柔性（Tomlin 等，2006）。Hishamuddin 等（2012）提出了应对生产中断的恢复策略。Ahmadi－Javid 等（2013）和 Zhang 等（2016）研究了供应链发生生产中断风险下的选址问题。Huang 等（2013）在双渠道供应链中研究了生产中断的相关问题。Shu 等（2014）建立模型研究了不确定性生产率下的供应链利润最大化问题。

有些学者同时考虑不确定性需求和供应发生中断下的供应链管理策略。Schmitt 等（2010）研究了同时存在供应中断和连续随机需求的供应链，提出了降低供应中断风险以及库存持有成本的管理策略。Zhu（2013）考虑了在市场需求为价格敏感的随机需求情况下，原材料供应发生中断时，应该选择怎样的补货策略、生产策略及定价策略以降低供应中断风险以及需求不确定性带来的损失。Giri 等（2016）以闭环供应链为研究对象，在允许退货的情况下，研究了制造商以及再制造商的最优生产策略。Ma 等（2016）以报童模型为例，研究了需求中断和供应中断对决策者采购决策的影响。Xu 等（2015）同时考虑了供应端和需求端都发生中断时的生产库存策略。

通过上述目前国内外研究现状和发展动态发现，许多学者针对需求端或者供应端发生中断事件的情况进行了研究，大部分从定价、供应链协调、选址问题等视角入手。对需求端和供应端都受突变事件影响，调整生产库存计划的策略研究相对较少。然而，调节生产库存计划是实现需求和供应重新匹配最有效的手段之一。

1.2.3　供应链生产库存策略研究

制订合理的生产库存计划对供应链成员十分重要。将生产车间与仓库结合成一个整体的系统叫作生产—库存系统。生产—库存系统与排队模型以及库存模型都有密不可分的关系，但是又比排队模型或库存模型更具复杂性。研究生产—库存系统需要解决的问题通常是，确定系统的最优控制变量，使费用目标函数达到最小。

生产库存领域的第一个主要贡献应该是 Holt 等的研究，他们运用变分法求解生产—库存模型。Berman 等（1993）在假设库房无储备部件时，系统中到达的需求要排队等待的前提下，以需求率与服务率均是常数的生产—库存系统为研究对象，解决了系统的优化控制问题，确定了使总费用最小的最优订货量 Q。其中，Berman 等（1999）和 Berman 等（2000）分别在订货到达没有延迟和订货到达有延迟的情况下研究了生产—库存系统，提出了最优订货策略。Berman 等（2004）假设需求与服务均服从指数分布，对生产—库存系统进行了研究。

He 和 Jewkes（2000）假设订货到达没有延迟，订货策略为 P［q（t）］［订货水平为零，而订货量与订货时刻 t 时和系统中正在等待加工的需求个数 q（t）相关］，利用排队论的矩阵几何解理论，研究了生产—库存系统，给出了两个算法解系统中每件产品的平均费用函数，然而优化问题没有得到讨论。侯玉梅（2003）在 He 和 Jewkes（2000）的基础上假定系统的订货延迟是一个指数随机变量，而订货策略为（r，q）（r≠0）的前提下，讨论了刻画系统的数量指标的随机过程，用排队理论得到了刻画系统的马尔科夫过程的无穷小生成元，并用此确定了系统的最优控制变量的近似算法。Meyer 等（1979）讨论了常数需求下供应发生中断时的生产—库存系统，给出了单个供应商的情况下应该采取的平均库存表达式。Moinzadeh 和 Aggarwal（1997）考虑了在生产准备成本和随机中断情形下的生产—库存系统，得出成本最小化的策略参数。在生产函数是凸函数的情形下，生产费用出现扰动时，Yang 等（2005）考虑了如何用扰动管理的方法调整原有计划，使系统能够平稳运行的同时降低对生产库存造成的影响。Xia（2004）等分析了生产存储系统中的实时应急管理问题。Esmail（2005）假设生产率为线性函数，需求为泊松分布，在生产和需求受独立随机环境的影响下考虑生产能力有限的生产—库存系统。

供应链良好运营的关键是制订合理的生产计划和补货计划满足顾客需求（Chopra 等，2007；Iakovou 等，2010；Tang 等，2014；Zhang 等，2015；Wan 等，2015；Ghiami 等，2015）。为了降低生产成本，提高顾客满意度，供应链中断时，生产商需要快速调整生产库存计划。已有研究提供了很多种应对中断的方法,例如,为了满足顾客需求,且周期末无剩余库存,He 等(2010)提出了不同的策略。上述文献通常假设生产率和需求率是确定的,然而现实生活中生产计划经常受到干扰,因此需要做出相应的调整。Lena 和 Stefan (2013)研究了中断风险下多采购库存模型。制订最优生产计划的一个重要途径是寻找最优生产时间,使每周期的生产量能够满足市场需求且周期末无剩余库存,许多学者以此为目标进行了研究。He 等(2010)研究了易逝品在多厂商不同销售季节销售时,其原材料和产成品的最优补货策略。Chung 等(2011)研究了随机机器故障情况下,易逝品的生产库存模型。Sadeghi 等(2014)在由生产商和多个零售商组成的供应链中研究了双目标生产商管理库存的模型,通过决策进行生产的机器数量得到最优的生产库存计划。Yang 和 Wee(2002)建立了由一个生产商和多个零售商组成的易逝品生产—库存系统,研究表明在生产率和需求率都是常数的情形下,采取集成决策优于分散决策。Liao(2007)在易逝品供应链中研究了允许延迟支付时的批量库存系统模型。

Cárdenas - Barrón 和 Sana(2014)以生产—库存系统为研究对象,分析了供应链协调问题。Paul 等(2014)通过对两阶段生产—库存进行分析,提出最优的恢复策略。进一步,Paul 等(2015)以三级供应链生产—库存系统为研究对象,分析了中断发生后的最优恢复策略。Kutzner 和 Kiesmuller (2012)提出了最优的盘点时间间隔以及订货策略。Zhu(2013)和 San - José 等(2014)建立了最优的生产策略。Baek 等(2015)假设生产满足泊松过程,服务时间服从指数分布,研究了马尔科夫服务序列下的生产库存模型。Hammami 等(2014)以多阶段的生产—库存系统为研究对象,研究了碳排放问题。Ghiami 等(2015)将库存周期划分为生产阶段和无生产阶段,研究了易逝品的生产库存问题。Sana 等(2010)在 EMQ 模型的基础上,提出更符合实际的假设,以最大化利润为目标研究了不完美生产过程下的生产库存策略。

需要指出的是，需求突变事件发生后，由于时间、成本等资源的限制，无法大范围调整供应链的宏观结构以适应新环境，所以许多学者在设计供应链网络时充分考虑了可能发生的中断风险，提高供应链弹性。中断事件发生后则通过调节微观主体的行为来提高中断事件发生后供应链系统的恢复能力。这些文献中提出的中断应对策略与研究方法对供应链生产库存管理策略研究具有很好的借鉴作用。

通过上述目前国内外研究现状和发展动态可以得到如下结论，当顾客需求不是平稳随机过程时，供应链系统的库存和订单受需求突变影响，会在一段时间内发生波动。"牛鞭效应"、长期平均成本等指标难以刻画和描述这种波动性，也难以刻画和描述由供应链系统内在结构的复杂性造成的库存和订单变化的不确定性，而非线性动力学理论为刻画和描述这种由突变产生的波动性提供了方法和工具。

作为一个重要的研究领域，虽然需求突变下供应链管理的研究得到了企业界和学术界的共同关注，并获得了一些有价值的研究成果，然而如下几个问题仍然值得深入探讨：

（1）目前大部分对于突变型顾客需求这类非平稳随机过程需求下的供应链的绩效度量，尚未形成系统的研究，传统的度量供应链绩效的指标并不适用。供应链系统遭受需求突变事件影响后能否重新恢复至稳定状态，以及恢复速度如何尚且缺乏理论依据，不利于供应链成员制定相应的供应链管理策略。

（2）大多数研究从定价、协调供应链等策略来引导市场需求向有利方向发展，从调整生产来匹配市场需求的角度进行的研究相对较少，但是，当需求发生突变时，调整生产来实现供需重新匹配往往更加快速有效。因此，当需求发生突变时，构建生产—库存模型，研究应对需求中断的生产库存策略就显得尤为重要。

（3）现有的大多数关于供应链中断管理的研究一般是从供应端发生中断或者需求端发生中断两个角度进行，很少对供应端和需求端都发生突变的供应链系统进行研究，然而，中断事件虽然是小概率事件，但具有随机性和无法预测性，一旦发生，会对供应链的各个环节造成影响。因此，需要寻找新的研究思路来研究当供应端和需求端同时发生中断时的供应链系统管理策略。

1.3 研究内容与框架

总结发生在实际问题中的供应链中断事件可以看出大多数中断事件都会对供应链的需求端造成不同程度的影响，一旦顾客需求突然放大或者突然缩小，很难在短时间内实现供应和需求的匹配，使各级供应链的库存和订单出现较大程度的波动，原有生产库存计划不能满足市场需求，从而使需求中断引起整个供应链网络中断，进而导致巨大的管理难度和经济损失。因此，本书以需求中断事件影响下的供应链为对象，以降低中断事件对供应链造成的损失，使供应链尽快恢复到正常运营的稳定状态为目标，从供应链的动力学行为出发，研究供应链稳定性模型，并在此基础上研究和提出相应的生产库存计划调整策略。具体研究内容包括以下几个方面：

第1章分析研究问题的背景及意义，从供应链动力学行为，中断情况下供应链管理策略研究，供应链生产库存策略研究三个方面对相关文献进行综述，分析可以进一步深入探讨的问题，并介绍本书的研究内容与框架，阐述本书的主要创新点。

第 1 章 绪论

第 2 章以由一个零售商和一个供应商组成的二级供应链为研究对象，在不考虑订货提前期的假设下，分析了供应链系统的稳定性，进而研究了当需求中断发生后系统重新恢复到稳定状态所需的收敛时间，以及中断发生前后订单的瞬时放大率。

第 3 章在第 2 章的基础上，以由一个零售商和一个供应商组成的二级供应链系统为研究对象，考虑了更符合实际的存在订货提前期的情况，分析了系统的稳定性，进而研究了当需求中断发生后系统重新恢复到稳定状态所需的收敛时间，以及中断发生前后订单的瞬时放大率。

第 4 章以由生产商和零售商组成的生产—库存系统为研究对象，研究需求中断情况下供应链系统生产库存计划的调整策略。从调节生产商的生产率入手，研究针对不同情形下的需求中断，怎样调节生产率，重新实现生产量与需求的匹配，并且使周期末剩余库存最少，提高顾客满意度，降低需求中断带来的损失。

第 5 章从调节生产商的生产时间入手，以由生产商和零售商组成的生产—库存系统为研究对象，同时考虑了当供应链生产端和需求端都发生中断的生产库存策略，分情形讨论了每次中断发生后，生产商如何调整生产时间以及采取怎样的补货策略，重新实现生产量与需求的匹配，并且使周期末剩余库存最少，提高顾客满意度，降低需求中断和生产中断带来的损失。

第 6 章确定了慈善商店在多层供应链中的作用及其捐赠流程，并通过经验方法评估了采用混合方法来影响捐赠意愿的障碍。

第 7 章对全书内容进行总结，给出研究结论，并探讨未来可能的研究方向。

根据本书的研究目标和研究内容，结合各研究内容之间的联系以及研究目标的实现方法，制定了本书的研究思路和框架，如图 1-1 所示。

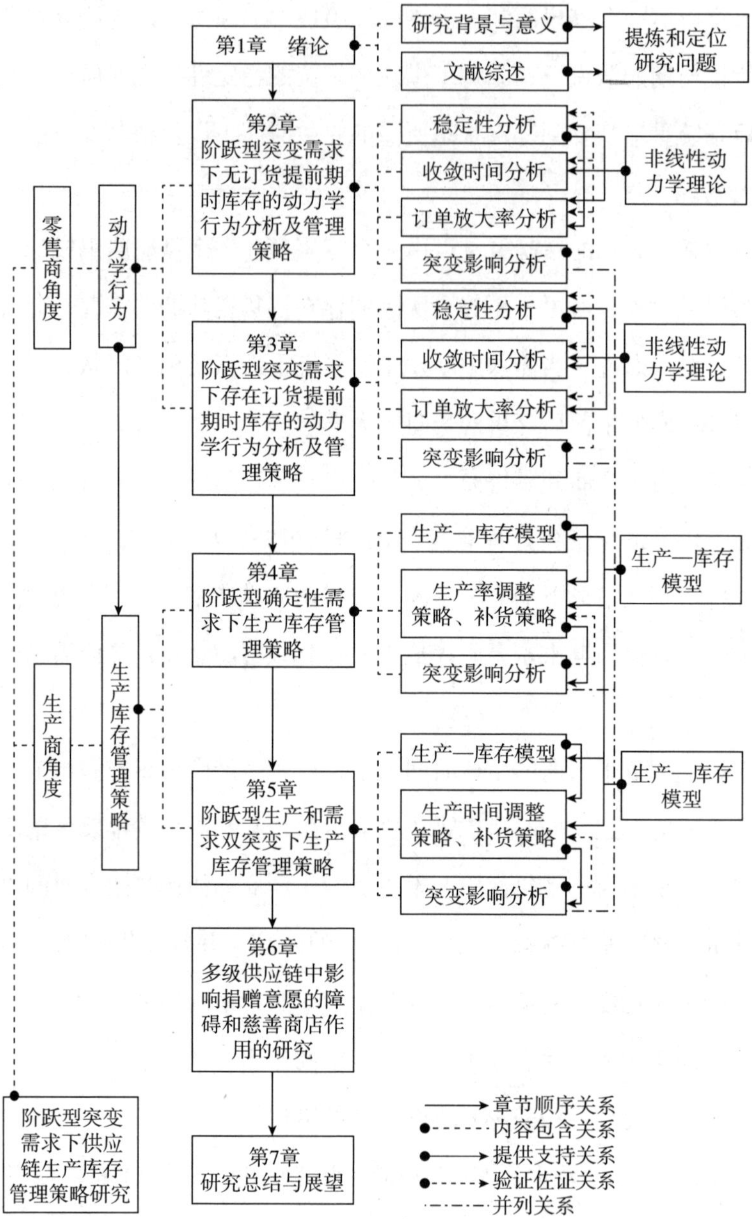

图 1-1 本书的研究思路和框架

第 2 章

阶跃型突变需求下无订货提前期时库存的动力学行为分析及管理策略

第 2 章 阶跃型突变需求下无订货提前期时库存的动力学行为分析及管理策略

当顾客需求是平稳型随机需求时,一般采取长期平均成本、"牛鞭效应"等指标来度量供应链绩效,然而这些指标并不适用于阶跃型确定性需求这种突变型需求。本章假设无订货提前期,基于非线性动力学理论,尝试从不同角度对供应链系统绩效进行度量,建立供应链库存管理策略中相关控制参数之间相互关系的模型,引入需求突变发生后库存系统恢复到稳定状态所需的收敛时间以及突变发生前后订单的瞬时放大率作为供应链系统的绩效度量指标,分析库存管理策略对供应链系统内在动力学行为的影响。

2.1 引 言

实际问题中,突变型非平稳随机需求是存在的。比如 2003 年 "非典型性肺炎"爆发,人们对板蓝根的需求突然增加;每年的 11 月 11 日,大型电子商务网站一般会进行一些大规模的打折促销活动,刺激消费,以提高销售额,此时顾客需求会突然放大,成为另一个随机过程或者常数。2015 年天猫"双十一"全球狂欢节完美收官,全天交易额达到 912.17 亿元。在这过程中,手机制造商以降价等促销方式使市场需求发生爆发式增长,手机成交突破 313 万部,创造了单日成交金额纪录和总成交金额的新纪录。最终小米实现交易额 15.6 亿元,位居第一。面对这种促销引起的需求突变,商家一般都是提前备货,当需求发生时,几乎能立即满足市场需求,因此提前期可以被忽略,否则可能会使消费者转向其他商品,例如,魅族的产品在"双十一"活动开始的 7 分钟内就在全网率先破亿,然而 1 小时之内就面临库存告急的局面,就无法再与小米和华为继续竞争。

为了便于理论研究,对这样的案例进行抽象简化,本章研究突变前顾客需求是常数,在商家采用降价等促销手段时,顾客需求突然放大,成为另外一个常数需求,称这类突变型顾客需求为阶跃型确定性需求。对这样的动态系统,需求波动必然会引起库存系统的波动,那么系统波动后会不会恢复至稳定状态,就需要研究系统的稳定性。对于具有稳定性的系统,需求突变后,系统经过一段时间的波动必然会重新恢复至新的稳定点,那么系统要经历多长时间才能重新恢复稳定呢?在恢复稳定的过程中,怎样度量系统波动幅度?这些都是需要解决的问题。以长期平均成本或"牛鞭效应"作为供应链绩效度量指标,无法刻画突变发生后供应链系统恢复稳定的能力,需要寻找新的度量指标。本书将建立单级供应链系统的状态空间模型,并对其动力学行为进行研究,以供应链系统的稳定性以及供应链受到需求突变后恢复稳定所需的时间作为供应链绩效的度量指标。仿真计算得出系统收敛到新的稳定状态所用的收敛时间与需求预测参数,分析净库存量与期望净库存量偏差的调整幅度和突变强度之间的关系。

2.2 假设和模型

考虑由一个货源充足的外部供应商和零售商构成的单级供应链系统,零售商面对的外部顾客需求是一常数 L_0,并在某时刻发生阶跃变化,变为另一常数 L_1。零售商面对外部需求,如果库存充足,则可以满足顾客需求;如果库存不足,倾库存所有满足之,缺货部分不再补充,即 Lost-Sales 库存系统。设系统为周期查库系统,零售商在每一个周期内发生的事件依次为:零售商首先接收外部供应商发送的订货,然后接收顾客的订单并根据当前库存发货,接下来零售商盘点库存,最后向外部供应商发出订单。按照这样的安排,从零售商发出订单到其收到订货有一个固定的提前期 τ,即订单在 t 周期末发出,在 $t+\tau$ 周期初收到。本书假设 $\tau=1$。

记 L_t 是零售商在 t 周期面对的顾客需求量,$\hat{L}_t$ 是零售商在 t 周期的预测需求量,S_t 是零售商在 t 周期末的净库存量,S_t^* 是零售商在 t 周期的期望净库存量,O_t 表示零售商在 t 周期的订货量。

在 t 周期查库时,零售商的净库存量 S_t 等于上周期的净库存量 S_{t-1} 加上本周期收到的补货量(上一周期的订货量 O_{t-1}),再减去本周期的需求量 L_t,即:

$$S_t = S_{t-1} + O_{t-1} - L_t \tag{2-1}$$

因为订货决策是每周期末做出的,所以当期顾客需求可用于下期需求预测,这里假设零售商采用简单指数平滑法来预测需求,即:

$$\hat{L}_t = \theta L_t + (1-\theta)\hat{L}_{t-1}, \quad 0 \leq \theta \leq 1 \tag{2-2}$$

采用 APIOBPCS 订货策略,其具体含义为订货量等于预测需求量、净库存量偏差的调整量,即:

$$O_t = \hat{L}_t + \alpha_s(S_t^* - S_t), \quad 0 \leq \alpha_s \leq 1 \tag{2-3}$$

其中,α_s 表示对净库存量与期望净库存量偏差的调整幅度。

根据 Sipahi 等(2010)的假设,取期望净库存量 S_t^* 为预测需求量 $\hat{L}_t$ 的整数倍,倍数为提前期 τ,这里取:

$$S_t^* = \hat{L}_t \tag{2-4}$$

把订单量 O_t、净库存量 S_t 和预测需求量 $\hat{L}_t$ 作为状态变量,把顾客需求 L_t 作为输入量,综合上述各式,可得如下供应链系统的状态空间模型:

$$\begin{bmatrix} O_t \\ S_t \\ \hat{L}_t \end{bmatrix} = \begin{bmatrix} -\alpha_s & -\alpha_s & (1+\alpha_s)(1-\theta) \\ 1 & 1 & 0 \\ 0 & 0 & 1-\theta \end{bmatrix} \begin{bmatrix} O_{t-1} \\ S_{t-1} \\ \hat{L}_{t-1} \end{bmatrix} + \begin{bmatrix} \alpha_s + \theta(1+\alpha_s) \\ -1 \\ \theta \end{bmatrix} L_t \quad (2-5)$$

记:

$$x_t = \begin{bmatrix} O_t \\ S_t \\ \hat{L}_t \end{bmatrix}, \quad A = \begin{bmatrix} -\alpha_s & -\alpha_s & (1+\alpha_s)(1-\theta) \\ 1 & 1 & 0 \\ 0 & 0 & 1-\theta \end{bmatrix}, \quad B_t = \begin{bmatrix} \alpha_s + \theta(1+\alpha_s) \\ -1 \\ \theta \end{bmatrix} L_t$$

则式（2-5）可表示为以下向量形式：

$$x_t = Ax_{t-1} + B_t \quad (2-6)$$

本书研究阶跃型确定性需求，假设需求在 t^* 时刻发生突变，即当 $0 \leq t < t^*$ 时，$L_t = L_0$；而当 $t \geq t^*$ 时，$L_t = L_1$。

2.3 需求突变发生前库存的收敛性分析

本节研究 $0 \leq t < t^*$ 时库存的变化规律，此时需求 $L_t = L_0$，从而式（2-6）中的 B_t 可表示为：

$$B_t = B_0 = \begin{bmatrix} \alpha_s + \theta(1+\alpha_s) \\ -1 \\ \theta \end{bmatrix} L_0$$

由于当 $0 < \theta < 1$，$0 < \alpha_s < 2$ 时，矩阵 A 的特征值 $\lambda_1 = 0$，$\lambda_2 = 1-\theta$，$\lambda_3 = 1-\alpha_s$，都在单位圆内，因此，式（2-6）是渐近稳定的，即存在平衡点 x^*，使：

$$x^* = Ax^* + B_0$$

第2章 阶跃型突变需求下无订货提前期时库存的动力学行为分析及管理策略

当零售商面对的顾客需求为常数 L_0 时，经过一段时间后系统将达到稳定状态，系统的平衡点为：

$$x^* = (I-A)^{-1}B_0 = \begin{bmatrix} 0 & -1 & 0 \\ \dfrac{1}{\alpha_s} & \dfrac{1+\alpha_s}{\alpha_s} & \dfrac{(1+\alpha_s)(1-\theta)}{\theta\alpha_s} \\ 0 & 0 & \theta^{-1} \end{bmatrix} \begin{bmatrix} \alpha_s + \theta(1+\alpha_s) \\ -1 \\ \theta \end{bmatrix} L_0 = \begin{bmatrix} L_0 \\ L_0 \\ L_0 \end{bmatrix}$$

(2-7)

令 $L_0 = \begin{bmatrix} L_0 \\ L_0 \\ L_0 \end{bmatrix}$，因此，系统阶跃型突变发生之前，系统库存和订单收敛到稳定点 L_0。

2.4 需求突变发生后库存的收敛性分析

在系统达到稳定后的某一时刻 t_0 发生需求突变，即从 t_0 时刻以后顾客需求均为常数需求 L_1，同上可证，系统是稳定系统，在一个稳定的系统内，当零售商面对的顾客需求为常数需求 L_1 时，经过一段时间后系统达到稳定状态，设系统的平衡点为 x_2^*。则对式（2-6）变形可得：

$$x_t - L_0 = A(x_{t-1} - L_0)$$

从而

$$x_t = A(x_{t-1} - L_0) + L_0 = A^2(x_{t-2} - L_0) + L_0 = \cdots = A^t(x_0 - L_0) + L_0 \quad (2-8)$$

由此可知，要知道 x_t 的具体表达式，需先求出 A^t，下面根据 α_s、θ 的取值分不同情况进行计算。

(1) $\alpha_s = 1$ 时。

$$A = \begin{pmatrix} -1 & -1 & 2(1-\theta) \\ 1 & 1 & 0 \\ 0 & 0 & 1-\theta \end{pmatrix}, \quad A^2 = (1-\theta)\begin{pmatrix} 0 & 0 & -2\theta \\ 0 & 0 & 2 \\ 0 & 0 & 1-\theta \end{pmatrix}$$

$$A^3 = (1-\theta)^2\begin{pmatrix} 0 & 0 & -2\theta \\ 0 & 0 & 2 \\ 0 & 0 & 1-\theta \end{pmatrix}, \quad A^4 = (1-\theta)^3\begin{pmatrix} 0 & 0 & -2\theta \\ 0 & 0 & 2 \\ 0 & 0 & 1-\theta \end{pmatrix}$$

由归纳法可得:

$$A^t = (1-\theta)^{t-1}\begin{pmatrix} 0 & 0 & -2\theta \\ 0 & 0 & 2 \\ 0 & 0 & 1-\theta \end{pmatrix}, \quad t \geq 2 \tag{2-9}$$

(2) $\alpha_s = \theta$ 时。

$$A^2 = (1-\theta)\begin{pmatrix} -\theta & -\theta & (1+\theta)(1-2\theta) \\ 1 & 1 & 1+\theta \\ 0 & 0 & 1-\theta \end{pmatrix}$$

$$A^3 = (1-\theta)^2\begin{pmatrix} -\theta & -\theta & (1+\theta)(1-3\theta) \\ 1 & 1 & 2(1+\theta) \\ 0 & 0 & 1-\theta \end{pmatrix}$$

$$A^4 = (1-\theta)^3\begin{pmatrix} -\theta & -\theta & (1+\theta)(1-4\theta) \\ 1 & 1 & 3(1+\theta) \\ 0 & 0 & 1-\theta \end{pmatrix}$$

由归纳法可得:

$$A^t = (1-\theta)^{t-1}\begin{pmatrix} -\theta & -\theta & (1+\theta)(1-t\theta) \\ 1 & 1 & (t-1)(1+\theta) \\ 0 & 0 & 1-\theta \end{pmatrix}, \quad t \geq 1 \tag{2-10}$$

(3)其他情况。

$A^t = PU^tP^{-1}$

其中 U 为 A 的对角化矩阵，即：

$A = PUP^{-1}$

其中，

$$U = \begin{pmatrix} 0 & 0 & 0 \\ 0 & 1-\theta & 0 \\ 0 & 0 & 1-\alpha_s \end{pmatrix}, P = \begin{pmatrix} -1 & \dfrac{\theta(1+\alpha_s)}{\theta-\alpha_s} & -\alpha_s \\ 1 & \dfrac{1+\alpha_s}{\alpha_s-\theta} & 1 \\ 0 & 1 & 0 \end{pmatrix},$$

$$P^{-1} = \begin{pmatrix} \dfrac{1}{\alpha_s-1} & \dfrac{\alpha_s}{\alpha_s-1} & \dfrac{1+\alpha_s}{1-\alpha_s} \\ 0 & 0 & 1 \\ \dfrac{1}{1-\alpha_s} & \dfrac{1}{1-\alpha_s} & \dfrac{(1-\theta)(1+\alpha_s)}{(\theta-\alpha_s)(1-\alpha_s)} \end{pmatrix}$$

则：

$A^t = PU^tP^{-1}$

$$= \begin{pmatrix} \dfrac{-\alpha_s(1-\alpha_s)^t}{1-\alpha_s} & \dfrac{-\alpha_s(1-\alpha_s)^t}{1-\alpha_s} & \dfrac{\alpha_s(1-\alpha_s)^t(1+\alpha_s)(1-\theta)}{(\alpha_s-\theta)(1-\alpha_s)} - \dfrac{\theta(1-\theta)^t(1+\alpha_s)}{\alpha_s-\theta} \\ \dfrac{(1-\alpha_s)^t}{1-\alpha_s} & \dfrac{(1-\alpha_s)^t}{1-\alpha_s} & \dfrac{(1+\alpha_s)(1-\theta)^t}{\alpha_s-\theta} - \dfrac{(1-\alpha_s)^t(1+\alpha_s)(1-\theta)}{(\alpha_s-\theta)(1-\alpha_s)} \\ 0 & 0 & (1-\theta)^t \end{pmatrix}$$

(2-11)

得到库存的表达式为：

$$S_t = \begin{cases} 2(1-\theta)^{t-t^*-1}(L_0-L_1)+L_1, & \alpha_s=1 \\ (1-\theta)^{t-t^*-1}[2+(1+\theta)^{t-t^*-1}](L_0-L_1)+L_1, & \alpha_s=\theta \\ 2(1-\alpha_s)^{t-t^*-1}(L_0-L_1)+\left[\dfrac{(1+\alpha_s)}{\alpha_s-\theta}(1-\theta)^{t-t^*}-\dfrac{(1-\theta)(1+\alpha_s)}{\alpha_s-\theta}(1-\alpha_s)^{t-t^*-1}\right] \\ \quad \times(L_0-L_1)+L_1, \alpha_s\neq1, \alpha_s\neq\theta \end{cases}$$

$$(2-12)$$

对库存 S_t 的收敛性进行分析,不难看出,当时间趋于无穷时,库存收敛于 L_1,即当 $t\to\infty$ 时,$S_t\to L_1$。

下面将研究阶跃型需求突变发生后,库存收敛到稳定状态所需的收敛时间。系统可能永远达不到稳定点,只能无限接近稳定点。令 S_t 与平衡点 L_1 之间的距离为 ε,当 ε 足够小时认为库存收敛到平衡状态。三种情况下对库存的表达式分析如下:

(1) $\alpha_s=1$ 时,由式(2-7)可得:

$$S_{t_0+t}=2(1-\theta)^{t-1}(\hat{L}_{t_0}-L_1)+L_1=2(1-\theta)^{t-1}(L_0-L_1)+L_1, t\geq 2$$

由 $|S_{t_0+t}-L_1|\leq\varepsilon$ 可得 $|2(1-\theta)^{t-1}(L_0-L_1)|\leq\varepsilon$,为了方便起见,假设 $L_1-L_0>0$,认为不等式取等号时即达到要求,即 $2(1-\theta)^{t-1}(L_1-L_0)-\varepsilon=0$。此时可求出收敛时间 t 的表达式:

$$t=1+\dfrac{\ln\dfrac{\varepsilon}{2(L_1-L_0)}}{\ln(1-\theta)} \qquad (2-13)$$

这里把 L_1-L_0 称为突变强度,由式(2-13)可知,收敛时间 t 是突变强度 L_1-L_0 和 θ 的函数,分别对其求偏导数,分析收敛时间与 θ 和突变强度之间的关系。

$$\dfrac{\partial t}{\partial(L_1-L_0)}=-\dfrac{1}{\ln(1-\theta)}\times\dfrac{1}{(L_1-L_0)} \qquad (2-14)$$

$$\frac{\partial t}{\partial \theta} = \frac{1}{[\ln(1-\theta)]^2} \times \ln\frac{\varepsilon}{2(L_1-L_0)} \times \frac{1}{1-\theta} \quad (2-15)$$

因为 $0 \leq \theta \leq 1$，假设 $L_1 - L_0 > 0$，式（2-14）的第一项小于0，第二项大于0，所以 $\frac{\partial t}{\partial(L_1-L_0)} > 0$；式（2-15）的第一项和第三项都大于0，第二项小于0，所以 $\frac{\partial t}{\partial \theta} < 0$。因此收敛时间是初始状态 $L_1 - L_0$ 的增函数，是 θ 的减函数，即 $L_1 - L_0$ 越小或 θ 越大，或两种情况同时发生时，收敛时间越小。

(2) $\alpha_s = \theta$ 时，由式（2-10）可得：

$$S_{t_0+t} = (1-\theta)^{t-1}[O_{t_0} + S_{t_0} - 2L_1 + (\theta+1)(t-1)(\hat{L}_{t_0} - L_1)] + L_1$$
$$= (1-\theta)^{t-1}[2 + (1+\theta)(t-1)](L_0 - L_1) + L_1, \quad t \geq 1$$

由于 $|S_{t+t_0} - L_{t_0}| \leq \varepsilon$，为了方便起见，假设 $L_1 - L_0 > 0$，认为不等式取等号时即达到要求，此时可求出收敛时间 t 的隐函数表达式：

$$(1-\theta)^{t-1}[2 + (1-\theta)^{t-1}](L_1 - L_0) - \varepsilon = 0 \quad (2-16)$$

由式（2-16）可知，收敛时间 t 是突变强度 $L_1 - L_0$ 和 θ 的函数，下面用仿真方法研究收敛时间与 θ 和突变强度之间的关系。

对式（2-16）进行求导可得：

$$\frac{\partial t}{\partial \theta} = \frac{(1-\theta)(t-1)}{-(t-1)[2+(1-\theta)(t-1)] + (1-\theta)^2} \quad (2-17)$$

$$\frac{\partial t}{\partial(L_1-L_0)} = \frac{-[2+(1-\theta)(t-1)]}{\{\ln(1-\theta)[2+(1-\theta)(t-1)] + (1-\theta)\}(L_1-L_0)} \quad (2-18)$$

由于突变发生后要经过相当长的时间才能收敛到新的平衡点，所以式（2-17）的分子大于0，分母小于0，整个表达式小于0；式（2-18）的分子小于0，分母小于0，整个表达式大于0。因此收敛时间是 θ 的减函数，是 $L_1 - L_0$ 的增函数，即 $L_1 - L_0$ 越小或 θ 越大，或两种情况同时发生时，收敛时间越小。

(3) 其他情况，由式（2-11）可得：

$$S_{t+t_0} = (1-\alpha_s)^{t-1}(2L_0 - 2L_1) + \left[\frac{(1+\alpha_s)}{\alpha_s - \theta}(1-\theta)^t - \frac{(1-\theta)(1+\alpha_s)}{\alpha_s - \theta}(1-\alpha_s)^{t-1}\right](L_0 - L_1) + L_1$$

由于 $|S_{t+t_0} - L_1| \leq \varepsilon$，为了方便起见，假设 $L_1 - L_0 > 0$，认为不等式取等号时即达到要求，此时可求出收敛时间 t 的隐函数表达式：

$$\left[2(1-\alpha_s)^{t-1} + \frac{(1+\alpha_s)}{\alpha_s - \theta}(1-\theta)^t - \frac{(1-\theta)(1+\alpha_s)}{\alpha_s - \theta}(1-\alpha_s)^{t-1}\right](L_1 - L_0) - \varepsilon = 0$$

(2-19)

综上所述，库存收敛时间 $t-t^*$ 满足以下表达式：

$$\begin{cases} 2(1-\theta)^{t-t^*-1}(L_1 - L_0) - \varepsilon = 0, & \alpha_s = 1 \\ (1-\theta)^{t-t^*-1}[2 + (1-\theta)^{t-t^*-1}](L_1 - L_0) - \varepsilon = 0, & \alpha_s = \theta \\ \left[2(1-\alpha_s)^{t-t^*-1} + \frac{(1+\alpha_s)}{\alpha_s - \theta}(1-\theta)^{t-t^*} - \frac{(1-\theta)(1+\alpha_s)}{\alpha_s - \theta}(1-\alpha_s)^{t-t^*-1}\right] \\ (L_1 - L_0) - \varepsilon = 0 \end{cases}$$

(2-20)

从式（2-20）中可以看出，收敛时间是与需求突变强度 $L_1 - L_0$、需求预测参数 θ 以及实际库存和期望库存之间的调整参数 α_s 相关的函数。收敛时间函数分别对 $L_1 - L_0$，θ，α_s 求一阶偏导数，可以发现收敛时间随着 θ，α_s 的减小而减小，随着 $L_1 - L_0$ 的增大而增大。下面进一步通过 MATLAB 仿真计算来说明相关参数对收敛速度的影响。

在不影响说明问题的情况下，为了便于分析，取 $L_1 = 8$，$L_0 = 4$，$\varepsilon = 0.05$。在不同情形下分别做出库存及收敛时间与相关参数之间的函数关系图，仿真结果如图 2-1 至图 2-8 所示。

从图 2-1、图 2-2、图 2-3 和图 2-4 描述的库存状态曲线可以看出，仿真结果与解析结果完全一致,阶跃型突变发生之后,库存偏离原来的稳定状态,但经历一定时间的波动后,总会收敛到稳定状态。$\alpha_s = 1$ 时的库存状态曲线说明,受需求突变的影响,库存快速降低,然后直接从下方向稳定点靠拢,并没有在稳定点上下波动。$\alpha_s \neq 1$,$\alpha_s \neq \theta$ 时,库存在同一时刻降低至零点,此后进一步降低至最低点,但库存降至最低点的时间不同,随后收敛至稳定点。$\alpha_s = \theta$ 时,库存具有相似的收敛趋势。对三种情况下的库存曲线进行比较发现:当 θ 取相同值时,且 $\alpha_s \neq 1$,$\alpha_s \neq \theta$ 时,库存以最快的速度收敛到稳定点,$\alpha_s = \theta$ 时,库存的收敛速度比 $\alpha_s \neq 1$,$\alpha_s \neq \theta$ 时的库存收敛速度稍慢,$\alpha_s = 1$ 时的收敛速度最慢。因此,在管理实践中,当 θ 取值固定时,管理者希望尽快收敛到平衡状态,制定库存策略时可以使预测库存与期望库存之间的偏差调整参数 α_s 在 $\alpha_s \neq 1$,$\alpha_s \neq \theta$ 的范围内选择适当的值。

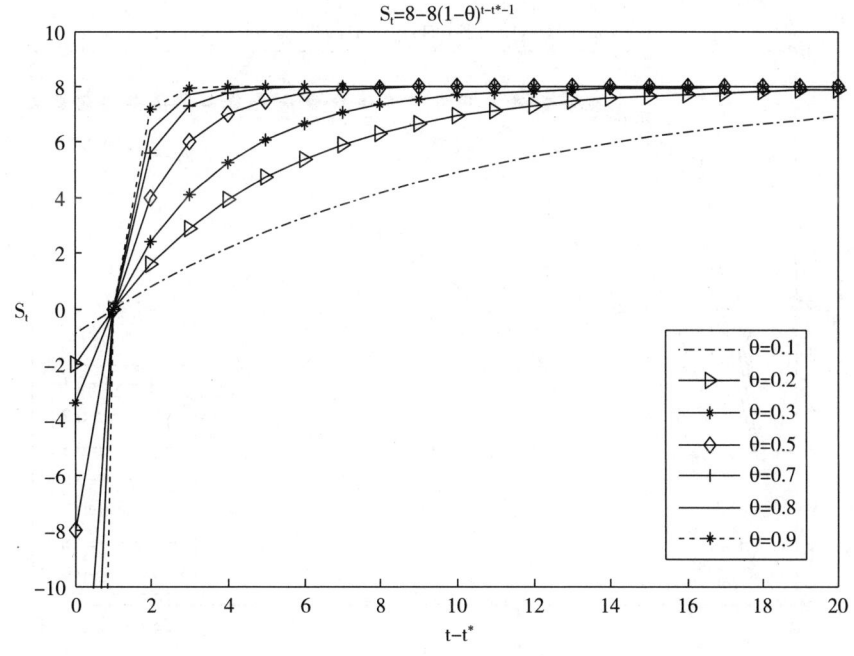

图 2-1 $\alpha_s = 1$ 时的库存状态

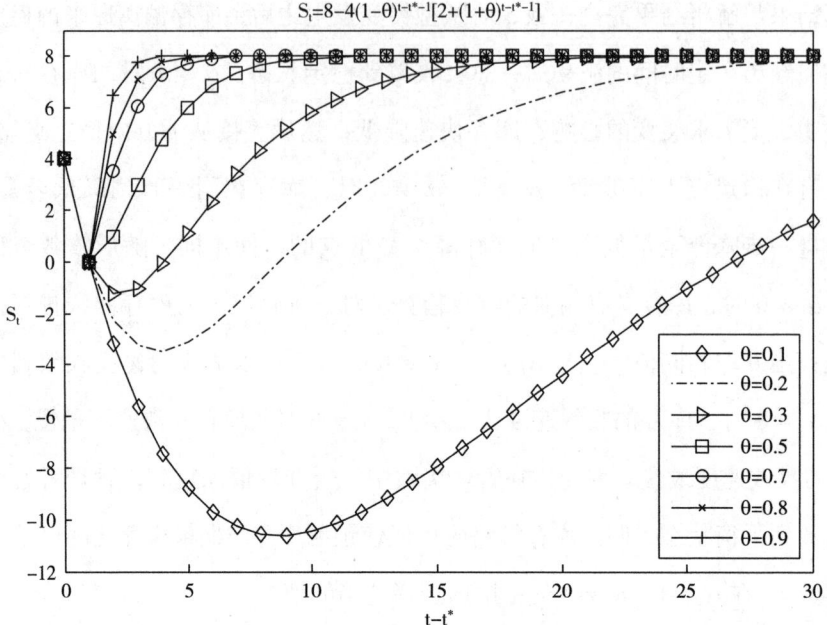

图 2-2 $\alpha_s = \theta$ 时的库存状态

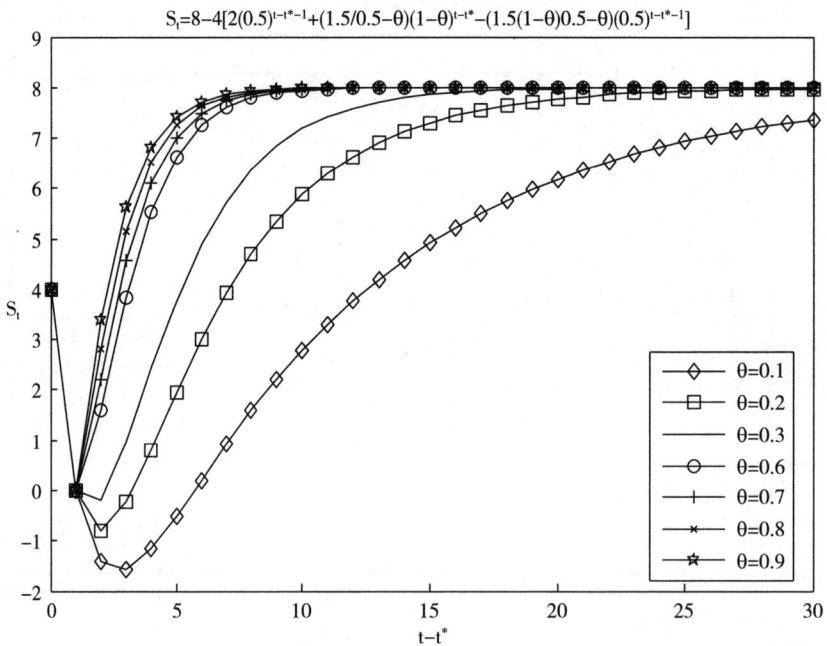

图 2-3 $\alpha_s \neq 1$，$\alpha_s \neq \theta$ 时的库存状态与 θ 的关系

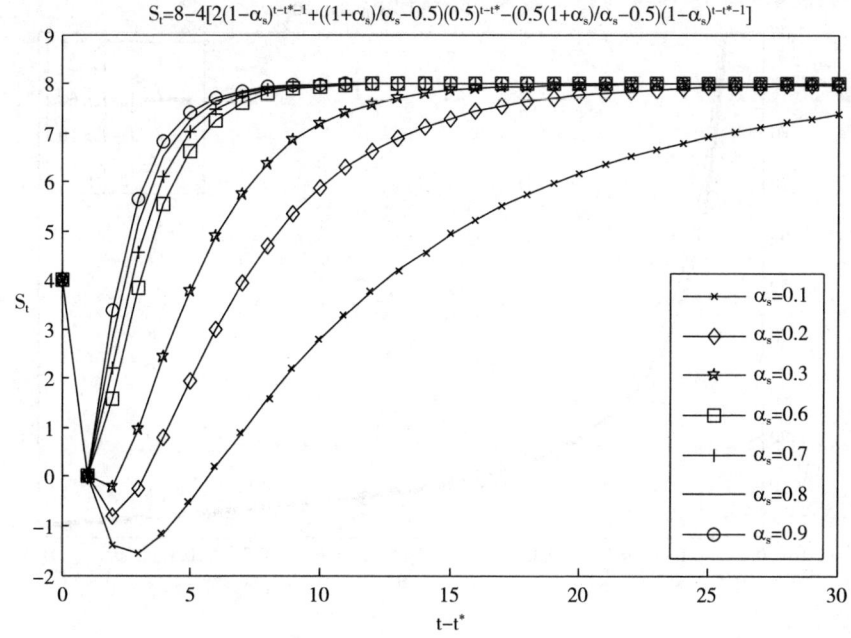

图 2-4 $\alpha_s \neq 1$, $\alpha_s \neq \theta$ 时的库存状态与 α_s 的关系

图 2-5、图 2-6 和图 2-7 描绘了 α_s 在不同取值的情形下 L_1-L_0 和 θ 对收敛时间的影响。当 α_s 取定值 1 时，库存偏离原来的稳定状态后恢复到新的稳定状态。L_1-L_0 越小，收敛时间越短，收敛越快。θ 越大，收敛时间越短，收敛越快。$\alpha_s=\theta$ 和 $\alpha_s \neq 1$, $\alpha_s \neq \theta$ 时，收敛时间曲线的变化趋势与 $\alpha_s=1$ 时相似。这与库存曲线反映出的结果十分吻合。

图 2-8 描述了 θ 在不同取值的情形下 L_1-L_0 和 α_s 对收敛时间的影响。当 α_s 取定值 1 时，库存偏离原来的稳定状态后恢复到新的稳定状态。L_1-L_0 越小，收敛时间越短，收敛越快。α_s 越大，收敛时间越短，收敛越快。且当 α_s 取值小于 0.1 时，库存收敛时间曲线的变化速度极快，因此，在实际供应链管理实践中，管理者一般会避开这个范围内的取值。

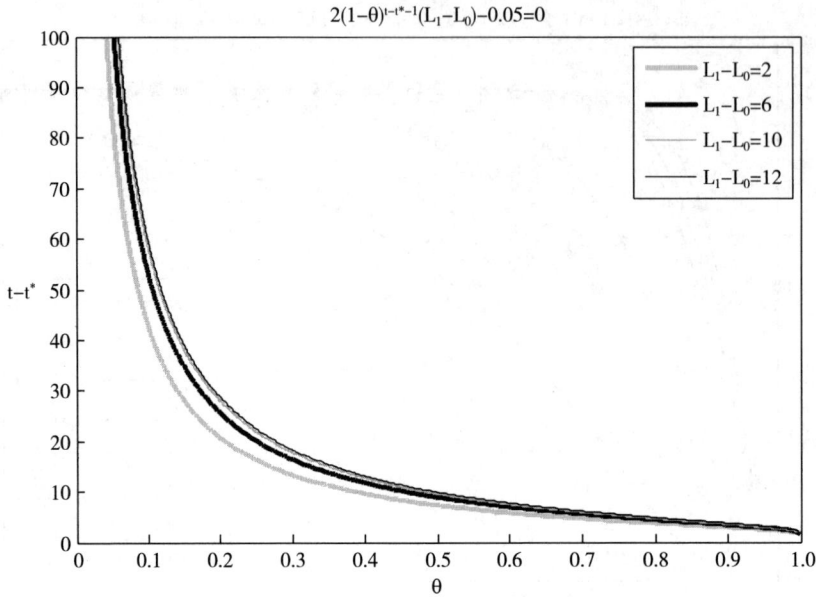

图 2-5　$\alpha_s = 1$ 时 $L_1 - L_0$ 和 θ 对收敛时间的影响

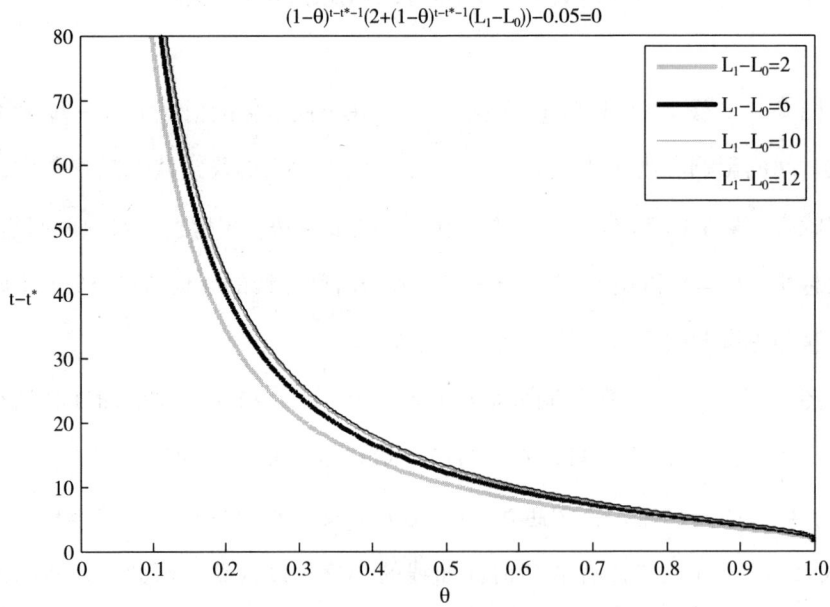

图 2-6　$\alpha_s = \theta$ 时 $L_1 - L_0$ 和 θ 对收敛时间的影响

第 2 章 阶跃型突变需求下无订货提前期时库存的动力学行为分析及管理策略

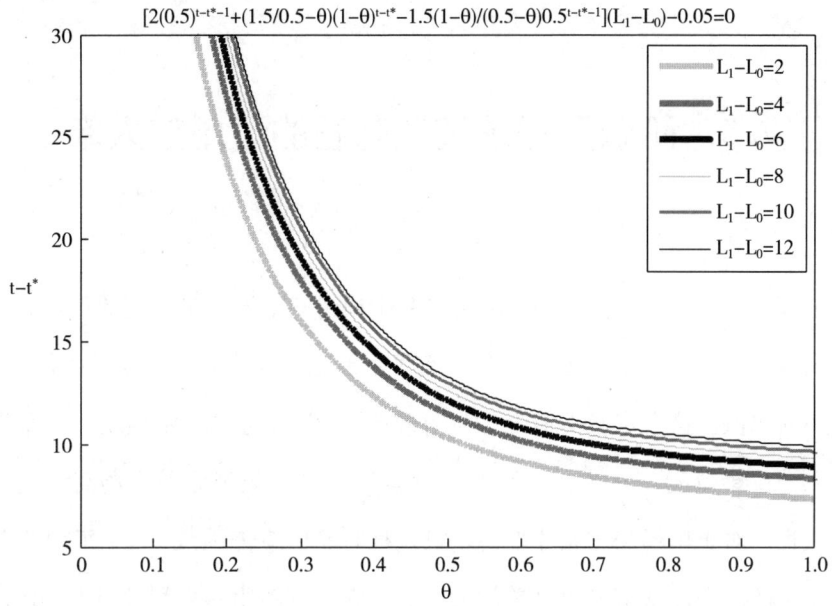

图 2-7 $\alpha_s \neq 1$,$\alpha_s \neq \theta$ 时 $L_1 - L_0$ 和 θ 对收敛时间的影响

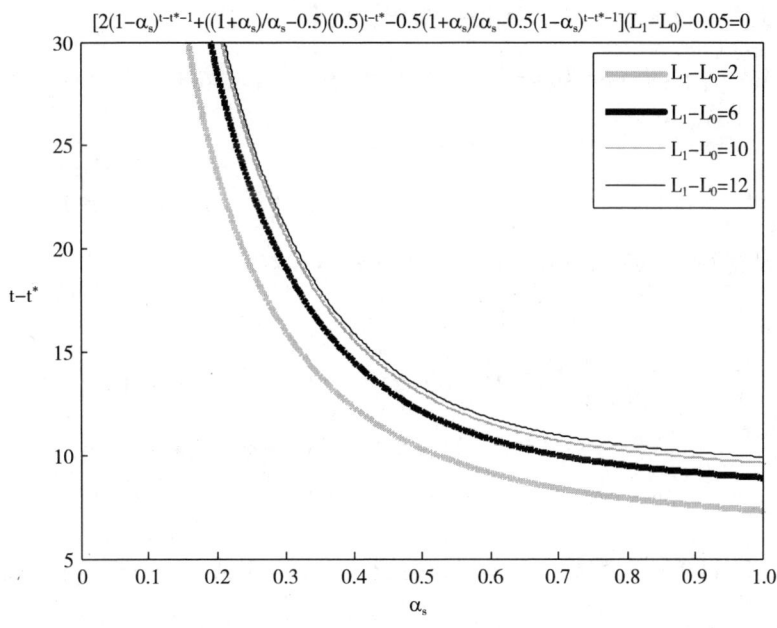

图 2-8 $\alpha_s \neq 1$,$\alpha_s \neq \theta$ 时 $L_1 - L_0$ 和 α_s 对收敛时间的影响

2.5 阶跃型需求突变前后的订单放大率

本节将订单放大率定义为供应链中某个成员向上游成员发出的订单相对于其收到订单的放大比率，也就是在需求发生突变后的瞬间，订单放大率与需求放大率的比值。这个定义类似于"牛鞭效应"，但又与"牛鞭效应"有显著区别。以"牛鞭效应"作为供应链绩效度量指标时一般都假设市场需求为平稳随机过程，对于市场需求是非平稳随机过程时的供应链绩效，"牛鞭效应"是很难度量的。因此本节给出订单放大率的概念，试图用其来衡量当市场需求为阶跃型确定性需求时的供应链绩效。

定义订单放大率 = 订单变化率/需求变化率，由于：

$$O_{t^*+1} = \begin{cases} -2\theta(L_0 - L_1) + L_1, & \alpha_s = 1 \\ (1 - 2\theta - \theta^2)(L_0 - L_1) + L_1, & \alpha_s = \theta \\ [(1-\theta)(1+\alpha_s) - 2\alpha_s](L_0 - L_1) + L_1, & \alpha_s \neq 1, \alpha_s \neq \theta \end{cases} \quad (2-21)$$

所以得到订单放大率在不同情形下的表达式为：

$$r = \frac{(O_{t^*+1} - O_{t^*})/O_{t^*}}{(L_{t^*+1} - L_{t^*})/L_{t^*}} = \begin{cases} 1 + 2\theta, & \alpha_s = 1 \\ 2\theta + \theta^2, & \alpha_s = \theta \\ 1 + 2\alpha_s - (1-\theta)(1+\alpha_s), & \alpha_s \neq 1, \alpha_s \neq \theta \end{cases}$$

$$(2-22)$$

从上述订单放大率的表达式可以看出，当 $\alpha_s = 1$ 或 $\alpha_s = \theta$ 时，订单放大率是 θ 的一元函数。$\alpha_s \neq 1$，$\alpha_s \neq \theta$ 时，订单放大率是关于 α_s 和 θ 的二元函数。分别对 α_s 和 θ 求偏导数可以得出，在 $\alpha_s \in [0,1]$ 且 $\theta \in [0,1]$ 的取值范

围内，不同情形下，订单放大率是 θ 的增函数，随着 θ 的增大而增大；是 α_s 的增函数，随着 α_s 的增大而增大。

2.6 本章小结

通过建立 APIOBPCS 订单策略下的供应链系统的多输入多输出状态空间模型，分析了阶跃型确定性需求下供应链系统的稳定性，证明了系统受到顾客阶跃需求的扰动后，经过一段时间能收敛到新的平衡点。以库存作为研究对象，分析了不同情况下，库存收敛到新平衡点的时间与需求预测参数，对净库存量与期望净库存量偏差的调整幅度和突变强度之间的关系，通过仿真结果能直观地看出，当零售商采用简单指数平滑法来预测需求时，需求预测参数 θ 越大，收敛时间越短，系统收敛到新平衡点的速度越快。对净库存量与期望净库存量偏差的调整幅度 α_s 越大，收敛时间越短，系统收敛到新平衡点的速度越快。突变强度越小，收敛时间越短，系统收敛到新平衡点的速度越快。这些结果在实际应用中具有一定的指导意义。

第 3 章

阶跃型突变需求下存在订货提前期时库存的动力学行为分析及管理策略

第3章 阶跃型突变需求下存在订货提前期时库存的动力学行为分析及管理策略

一般情况下,订货提前期是不可避免的。存在订货提前期的供应链一旦遭受突发事件的影响,情况可能会更加复杂。本章讨论存在订货提前期的情况下,供应链系统面对阶跃型确定性需求时的管理策略。从分析供应链系统的稳定性入手,研究供应链经历突变需求后是否能重新收敛到新的稳定状态,收敛到新的稳定状态所需的收敛时间,以及突变发生前后的订单放大率,并提出相应的改善供应链绩效库存管理策略。

3.1 引 言

近年来,通过构建供应链系统订单、库存等状态变量的差分方程模型,以"牛鞭效应"、长期平均成本等作为供应链绩效度量指标,寻找最优供应链库存管理策略成为一种重要的研究手段。"牛鞭效应"作为供应链度量指标时,顾客需求一般都为平稳随机过程,但"牛鞭效应"难以度量市场需求是非平稳随机过程时的供应链绩效。以长期平均成本作为供应链绩效度量指标考虑供应链系统随时间变化的动态性,这种动态性是时间趋向于无穷后的平均,但突变需求发生后更关心的是短期内供应链的运作情况。管理实践中,市场需求是非平稳随机过程的现象是存在的。自然灾害、公共卫生事件、政治动荡、信息不对称、促销策略等都会导致需求突变的发生。例如,原来市场需求是基本固定的,在零售商采用降价等促销计划时,市场需求会突然放大成为另外一个相对固定的值,这类突变型市场需求被称为阶跃型突变需求。突变型市场需求会导致不同程度的供应链波动,供应链的重大损失一般都伴随着供应链的极度动荡，供应链整体的竞争能力和获利水平受其运作稳定性状况的影响。因此，管理者希望需求突变后，供应链系统能尽快恢复到稳定状态，然而"牛鞭效应"和长期平均成本无法刻画受上述突变型市场需求干扰后供应链系统恢复稳定的能力。

随着供应链系统越来越复杂，供应链动态演化的行为也越来越不规则，目前研究中常用的经典控制理论受到限制，而以状态空间为基础的现代控制理论和非线性动力学理论的生产机理在供应链系统中也存在。在进行稳定性分析时，大部分工作都是在一些特殊的假设下研究的。例如，允许退货的假设下使供应链系统成为一个线性系统或简单切换系统；不允许退货前提下，假设系统不存在延迟，即假设提前期为1；对提前期大于1的切换系统的稳定性研究并不多。针对这一问题，下面通过建立考虑提前期情况下的状态空间方程，分析库存管理策略对供应链系统恢复至稳定状态的速度的影响。

Kim 等（2008）受 Sterman（1989）研究的启发，建立了供应链系统微分方程模型，在市场需求发生突变的情形下，研究了供应链系统的动力学行为，提出了相关的库存管理策略。实际问题中，供应链系统并不是连续系统，供应链系统中的库存和订单是离散的状态变量，本书第2章在Springer和Kim研究的基础上，建立了与管理实践更相符的供应链系统差分方程模型，在阶跃型确定性需求下，分析了不存在订货延迟时供应链系统的动力学行为，为使供应链绩效更优的相关参数选择提供了理论依据。本章将在第2章的基础上，研究存在订货提前期情况下确定性需求发生阶跃型突变后供应链系统的动力学行为，并探讨相关库存管理策略。

3.2 假设和模型

考虑由货源充足的供应商和零售商组成的供应链系统,零售商面对的市场需求是一个常数 L_0,并在某时刻发生阶跃变化,变为另一常数 L_1。假设该系统为 Lost – Sales 库存系统,零售商在每一个周期内首先接收上游供应商发送的订货,然后接收顾客的订单并根据当前库存发货;接着零售商盘点库存,并向外部供应商发出订单。遵照这样的顺序,零售商在 t 周期末向供应商发出订单,在 $t+\tau$ 周期初收到订货。这里假设 $\tau=2$,文中符号及其含义说明如表 3 – 1 所示。

表 3 – 1 符号含义说明

符号	含义	符号	含义
L_t	t 周期的市场需求量	S_t^*	t 周期的期望在库库存量
$\hat{L}_t$	t 周期的预测需求量	O_t	t 周期的订货量
S_t	t 周期末的在库库存量	SL_t	t 周期的在途库存量

零售商 t 周期的在库库存量 S_t 等于上周期的在库库存量 S_{t-1} 与本周期收到的补货量 O_{t-2} 之和减去本周期的市场需求量 L_t,即:

$$S_t = S_{t-1} + O_{t-2} - L_t \tag{3-1}$$

假设零售商采用简单指数平滑法来预测需求,由于零售商每周期末做出订货决策,所以当期市场需求可用于下期需求预测,即:

$$\hat{L}_t = \theta L_t + (1-\theta)\hat{L}_{t-1}, \ 0 \leq \theta \leq 1 \tag{3-2}$$

假设零售商采取静态在途库存策略,由于 $t-2$ 周期发出的订货在 t 周期收到,在途库存量等于 $t-1$ 周期发出的订货,即:

$$SL_t = O_{t-1} \tag{3-3}$$

采用 APIOBPCS 订货策略，订货量等于预测需求量、在库库存量偏差的调整量和在途库存量偏差的调整量之和，即：

$$O_t = \hat{L}_t + \alpha_S (S_t^* - S_t) + \alpha_{SL} (SL_t^* - SL_t), \ 0 \leq \alpha_S \leq 1, \ 0 \leq \alpha_{SL} \leq 1 \tag{3-4}$$

其中，α_S 表示对在库库存量与期望在库库存量偏差的调整幅度，α_{SL} 表示对在途库存量与期望在途库存量偏差的调整幅度。本节假设 $\alpha_S = \alpha_{SL} = \alpha$。当 $\alpha = 1$ 时，即为 OUT（Order – up – to）策略。

根据王海燕等的假设，期望在库库存 S_t^* 取当期预测需求值，期望在途库存量 SL_t^* 为预测需求 $\hat{L}_t$ 的整数倍，倍数为提前期 τ，这里取 $\tau = 2$，因此：

$$S_t^* = \hat{L}_t \tag{3-5}$$

$$SL_t^* = 2\hat{L}_t \tag{3-6}$$

3.3 需求突变发生前库存的收敛性分析

本节分析确定性需求下供应链系统的收敛性，将式（3-2）改写为：

$$\hat{L}_t - L_t = (1 - \theta)(\hat{L}_{t-1} - L_t) = (1 - \theta)^t (\hat{L}_0 - L_t), \ 0 \leq \theta \leq 1$$

从而可得出 $\hat{L}_t$ 的表达式：

$$\hat{L}_t = L_t + (1 - \theta)^t (\hat{L}_0 - L_t) \tag{3-7}$$

由式（3-7）可知，预测需求 $\hat{L}_t$ 由初始状态 $\hat{L}_0$ 和当前顾客实际需求量表示，因此把订单量 O_t 和在库库存量 S_t 作为状态变量，把市场需求 L_t 作为输入量，综合上述各式，可得如下供应链系统的状态空间模型：

$$X_t = A_1 X_{t-1} + A_2 X_{t-2} + B_t \tag{3-8}$$

其中：

$$X_t = \begin{bmatrix} O_t \\ S_t \end{bmatrix}, \quad A_1 = \begin{bmatrix} -\alpha & -\alpha \\ 0 & 1 \end{bmatrix}, \quad A_2 = \begin{bmatrix} -\alpha & 0 \\ 1 & 0 \end{bmatrix},$$

$$B_t = \begin{bmatrix} (1+3\alpha)[(1-\theta)^t(\hat{L}_0 - L_t) + (\alpha+1)L_t] \\ -L_t \end{bmatrix}$$

在需求没有发生突变的情况下，将式（3-8）变形为：

$$X_t + AX_{t-1} + C_1 = \Delta(X_{t-1} + AX_{t-2} + C_1) \tag{3-9}$$

其中，$A = \begin{pmatrix} 0 & 0 \\ 1 & 0 \end{pmatrix}$, $\Delta = \begin{pmatrix} -\alpha & -\alpha \\ 1 & 1 \end{pmatrix}$, $C_1 = \begin{pmatrix} -L_0 \\ -3L_0 - (3+\frac{1}{\alpha})(1-\theta)^t(\hat{L}_0 - L_0) \end{pmatrix}$。

所以，

$$X_t + AX_{t-1} + C_1 = \Delta^{t-1}(X_1 + AX_0 + C_1) = (1-\alpha)^{t-2}\Delta(X_1 + AX_0 + C_1) \tag{3-10}$$

从而，根据式（3-10）可得：

$$X_t + D = -A(X_{t-1} + D)$$

其中，

$$D = \begin{pmatrix} \alpha(1-\alpha)^{t-2}[S_1 + O_1 + O_0 - 4L_0 - (3+\frac{1}{\alpha})(1-\theta)^t(\hat{L}_0 - L_0)] - L_0 \\ -(1+\alpha)(1-\alpha)^{t-2}[S_1 + O_1 + O_0 - 4L_0 - (3+\frac{1}{\alpha})(1-\theta)^t(\hat{L}_0 - L_0)] \\ -2L_0 - (3+\frac{1}{\alpha})(1-\theta)^t(\hat{L}_0 - L_0) \end{pmatrix}$$

又因为 $A^t = 0$，$t \geq 2$，所以 $X_t = -D$，由此可得在库库存和在途库存的函数表达式分别为：

$$S_t = (1+\alpha)(1-\alpha)^{t-2}\left[S_1 + O_1 + O_0 - 4L_0 - \left(3+\frac{1}{\alpha}\right)(1-\theta)^t(\hat{L}_0 - L_0)\right] +$$

$$\left(3+\frac{1}{\alpha}\right)(1-\theta)^t(\hat{L}_0 - L_0) + 2L_0 \tag{3-11}$$

$$SL_t = O_{t-1} = -\alpha(1-\alpha)^{t-3}\left[S_1 + O_1 + O_0 - 4L_0 - \left(3 + \frac{1}{\alpha}\right)(1-\theta)^{t-1}\right.$$

$$\left.(\hat{L}_0 - L_0)\right] + L_0 \tag{3-12}$$

显然，当 $t\to\infty$ 时，$S_t \to 2L_0$，$SL_t \to L_0$。因此，在需求不发生突变的情况下，在途库存和在库库存经过一段时间的波动后收敛到平衡状态。此收敛结果与管理实践相符，突变点以后零售商面对的市场需求是一个确定的常数，不发生波动。考虑到订货存在一定的延迟，为了满足市场需求同时又不产生剩余库存，零售商的订单量等于需求量，在途库存量是上一期的订单量，等于需求量。在库库存量保证在上期订货到达之前能满足市场需求，因此是需求量的 τ（提前期）倍。

3.4 需求突变发生后库存的收敛性分析

假设在系统达到稳定后的某一时刻 t^* 需求发生突变，即从 t^* 时刻以后市场需求变为另一常数需求 L_1，此时系统的状态空间方程可表示如下：

$$X_t + AX_{t-1} + C_2 = \Delta(X_{t-1} + AX_{t-2} + C_2)$$

其中，$A = \begin{pmatrix} 0 & 0 \\ 1 & 0 \end{pmatrix}$，$\Delta = \begin{pmatrix} -\alpha & -\alpha \\ 1 & 1 \end{pmatrix}$，$C_2 = \begin{pmatrix} -L_1 \\ \dfrac{(1+3\alpha)(1-\theta)^{t-1-t^*}(L_1-L_0) - 3\alpha L_1}{\alpha} \end{pmatrix}$。则

$$X_t + AX_{t-1} + C_2 = \Delta^{t-t^*}(X_{t^*} + AX_{t^*-1} + C_2) = (1-\alpha)^{t-t^*-1}\Delta(X_{t^*} + AX_{t^*-1} + C_2)$$

令 $M_t = \dfrac{(1+3\alpha)(1-\theta)^{t-t^*}(L_1-L_0) - 3\alpha L_1}{\alpha}$，则有 $X_t + C = -A(X_{t-1} + C)$，其中，

$$C = \begin{pmatrix} \alpha(1-\alpha)^{t-t^*-1}(4L_0 - L_1 + M_t) - L_1 \\ -(1+\alpha)(1-\alpha)^{t-t^*-1}(4L_0 - L_1 + M_t) + M_t + L_1 \end{pmatrix}$$

因为 $A^t = 0$，$t \geq 2$，所以，

$$X_t = -C = \begin{pmatrix} -\alpha(1-\alpha)^{t-t^*-1}(4L_0 - L_1 + M_t) + L_1 \\ (1+\alpha)(1-\alpha)^{t-t^*-1}(4L_0 - L_1 + M_t) - M_t - L_1 \end{pmatrix}$$

在库库存的表达式为：

$$S_t = (L_1 - L_0)\left\{\frac{(1+3\alpha)(1-\theta)^{t-t^*}}{\alpha}[(1+\alpha)(1-\alpha)^{t-t^*-1} - 1] - 4(1+\alpha)(1-\alpha)^{t-t^*-1}\right\} + 2L_1 \tag{3-13}$$

显然，当 $t \to \infty$ 时，$S_t \to 2L_1$。

在途库存的表达式为：

$$SL_t = -(1-\alpha)^{t-t^*-2}(L_1 - L_0)[(1+3\alpha)(1-\theta)^{t-t^*-1} - 4\alpha] + L_1 \tag{3-14}$$

显然，当 $t \to \infty$ 时，$SL_t \to L_1$。

总库存 $S_总$ 的表达式为：

$$S_总 = S_t + SL_t = (L_1 - L_0)\left\{(1-\theta)^{t-1}(1-\alpha)^{t-2}(1+3\alpha)\frac{(1-\alpha^2)(1-\theta)-\alpha}{\alpha} + 4(1-\alpha)^{t-2}(\alpha^2+\alpha-1) - \frac{(1+3\alpha)(1-\theta)^t}{\alpha}\right\} + 3L_1 \tag{3-15}$$

显然，当 $t \to \infty$ 时，$S_总 \to 3L_1$。

由式（3-13）、式（3-14）和式（3-15）可知，在库库存 S_t、在途库存 SL_t 和总库存 $S_总$ 是库存调整参数 α、需求预测参数 θ、突变强度 $L_1 - L_0$ 以及收敛时间 $t - t^*$ 的函数。

下面考察在库库存 S_{t^*+t} 在经过 t^* 时刻的需求突变后收敛到新的稳定状态 $2L_1$ 所需的时间，由于有可能永远达不到稳定点，只能收敛到稳定点，为此，

假设在途库存 SL_t 与新的稳定状态 L_1 的差为 ε 时,就认为收敛到了稳定状态。

由 $|S_t - 2L_1| \leq \varepsilon$,可得,$\left| \dfrac{(L_1 - L_0)}{\alpha} \{(1+\alpha)(1-\alpha)^{t-t^*-1}[(1+3\alpha)(1-\theta)^{t-t^*} - 4\alpha] - (1+3\alpha)(1-\theta)^{t-t^*} \} \right| \leq \varepsilon$,认为不等式取等号时即达到要求,此时可求出在库库存收敛时间 t 的隐函数表达式:

$$\left| \dfrac{(L_1 - L_0)}{\alpha} \{(1+\alpha)(1-\alpha)^{t-t^*-1}[(1+3\alpha)(1-\theta)^{t-t^*} - 4\alpha] - (1+3\alpha)(1-\theta)^{t-t^*} \} \right| = \varepsilon$$

(3-16)

由式(3-16)可知,在库库存收敛时间 $t-t^*$ 是突变强度 $L_1 - L_0$、θ 和 α 的函数。下面通过仿真来分析在库库存收敛时间的依赖情况。

取 $L_1 = 8$,$L_0 = 4$,$\varepsilon = 0.05$,得到突变发生后,在库库存随时间的变化趋势,如图 3-1 所示。由图 3-1 可知,在需求发生突变后,在库库存经过一段

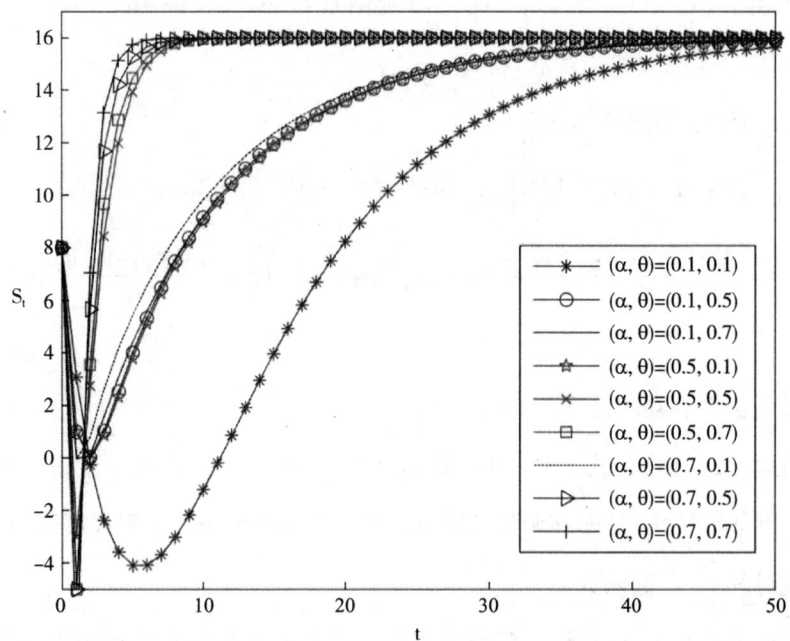

图 3-1 在库库存随时间的变化关系

时间的波动,最终收敛到平衡状态。在设定的取值范围内,库存调整参数 α 越大,在库库存收敛到平衡点所需的时间越短。需求预测参数 θ 越大,在库库存收敛到平衡点所需的时间越短。

下面考察在库库存 S_t 在经过 t^* 时刻的需求突变后收敛到新的稳定状态 $2L_1$ 所需的时间,由于有可能永远达不到稳定点,只能收敛到稳定点,为此,假设在库库存 S_t 与新的稳定状态的差为 ε 时,就认为收敛到了稳定状态。

取 $α=0.5$,$L_1-L_0=4$,$ε=0.05$,得到如图 3-2 所示的在库库存收敛时间 t 与需求预测参数 θ 之间的变化关系图。可知当库存调整参数 α 取定值且突变强度 L_1-L_0 固定时,需求预测参数 θ 越大,在库库存收敛时间越短,收敛越快。

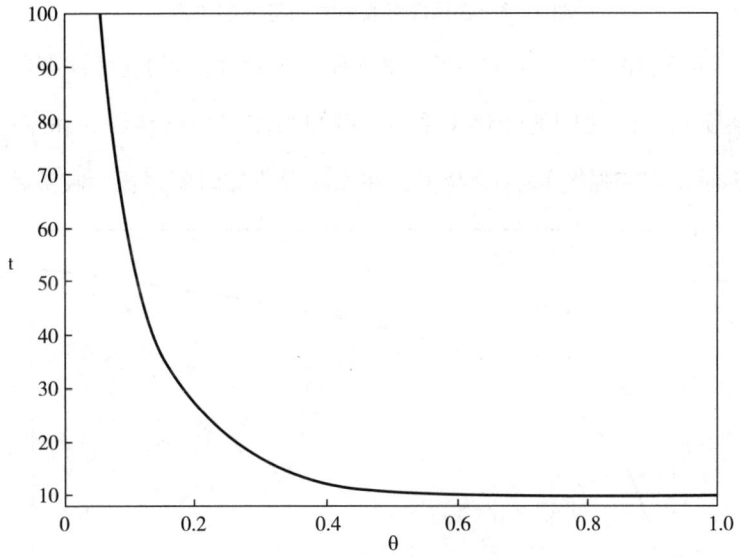

图 3-2 在库库存收敛时间与 θ 的关系

取 $θ=0.5$,$L_1-L_0=4$,$ε=0.05$,得到如图 3-3 所示的在库库存收敛时间 t 与库存调整参数 α 之间的变化关系图。可知当需求预测参数 θ 取定值且突变强度 L_1-L_0 固定时,库存调整参数 α 越大,在库库存收敛时间越短,收敛越快。

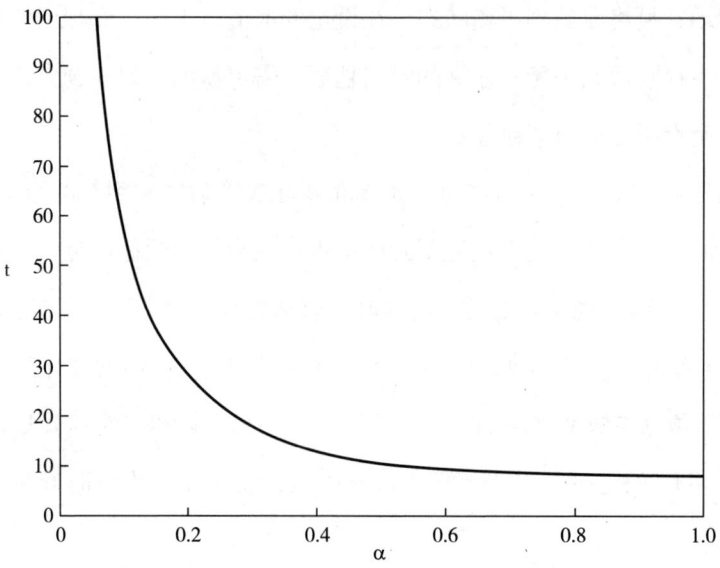

图 3-3　在库库存收敛时间与 α 的关系

取 $\alpha=0.5$，$\theta=0.6$，$\varepsilon=0.05$，得到如图 3-4 所示的在库库存收敛时间 t 与突变强度 L_1-L_0 之间的变化关系图。可知当需求预测参数 θ 和库存调整参数 α 固定时，突变强度 L_1-L_0 越大，在库库存收敛时间越长，收敛越慢。

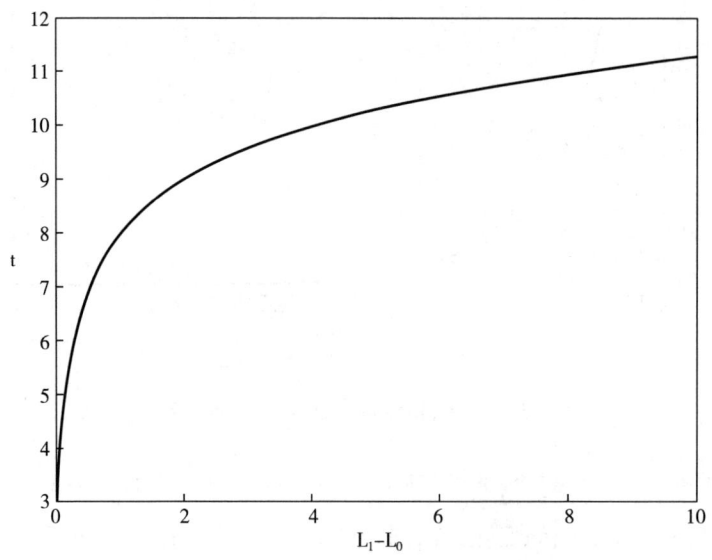

图 3-4　在库库存收敛时间与 L_1-L_0 的关系

下面考察在途库存 SL_{t^*+t} 在经过 t^* 时刻的需求突变后收敛到新的稳定状态 L_1 所需的时间,由于有可能永远达不到稳定点,只能收敛到稳定点,为此,假设在途库存 SL_t 与新的稳定状态 L_1 的差为 ε 时,就认为收敛到了稳定状态。

由 $|SL_t - L_1| \leq \varepsilon$,可得 $|(1-\alpha)^{t-t^*-2}[(1+3\alpha)(1-\theta)^{t-t^*-1} - 4\alpha](L_1 - L_0)| \leq \varepsilon$,认为不等式取等号时即达到要求,此时可求出在途库存收敛时间 $t - t^*$ 的隐函数表达式:

$$|(1-\alpha)^{t-t^*-2}[(1+3\alpha)(1-\theta)^{t-t^*-1} - 4\alpha](L_1 - L_0)| = \varepsilon \quad (3-17)$$

由式(3-17)可知,在途库存收敛时间 $t - t^*$ 是需求预测参数 θ、库存调整参数 α 和突变强度 $L_1 - L_0$ 的函数,因为突变发生后库存在平衡点附近波动一段时间后才收敛到平衡点,所以同一个 θ、α 或 $L_1 - L_0$ 的值可能对应不同的值来满足上述绝对值等式,此时取最大的值进行比较。下面用仿真方法来研究它们之间的具体变化关系。

取 $L_1 = 8$,$L_0 = 4$,$\varepsilon = 0.05$ 时,在途库存随时间的变化如图 3-5 所示,

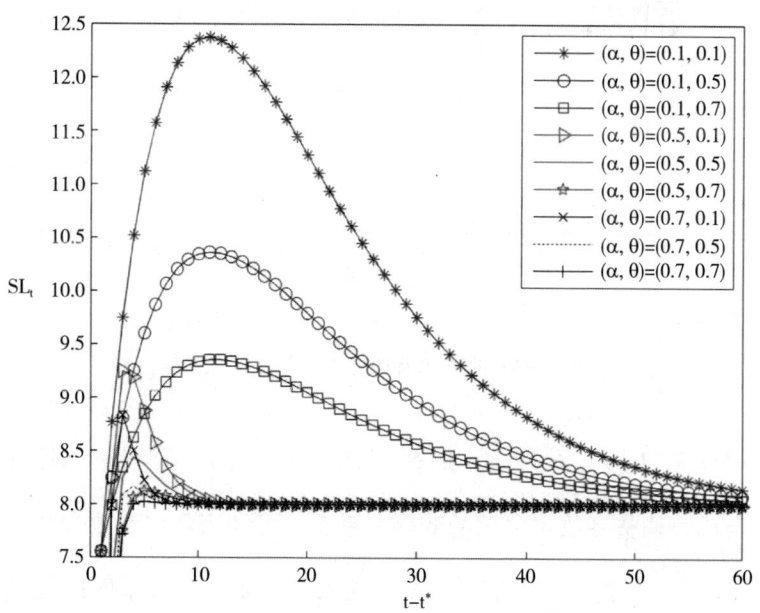

图 3-5 在途库存随时间的变化关系

需求发生突变后在途库存经过一定的震荡收敛到平衡点,从图中可以看出,在我们的取值范围内,当 α 固定时,θ 越大,在途库存收敛到平衡点所需时间越短。当 θ 固定时,α 越大,在途库存收敛到平衡点所需时间越短。

取 α = 0.3,$L_1 - L_0 = 4$,ε = 0.05,得到如图 3-6 所示的在途库存收敛时间 $t - t^*$ 与需求预测参数 θ 之间的变化关系图。可知当库存调整参数 α 取定值且突变强度 $L_1 - L_0$ 固定,当需求预测参数 θ > 0.065 时,在途库存收敛时间随 θ 的增大而增大;当需求预测参数 θ < 0.065 时,在途库存收敛时间随 θ 的增大而减小。当 θ = 0.065 时,在途库存以最快的速度收敛到平衡点。

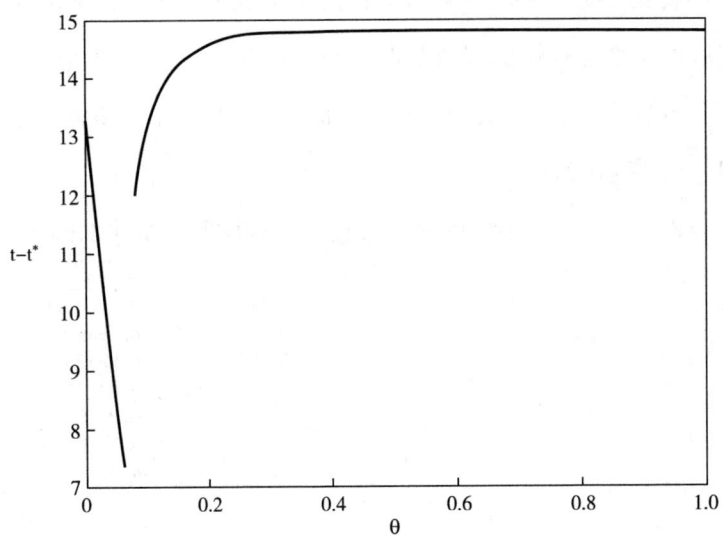

图 3-6　在途库存收敛时间与 θ 的关系

取 θ = 0.5,$L_1 - L_0 = 4$,ε = 0.05,得到如图 3-7 所示的在途库存收敛时间 $t - t^*$ 与库存调整参数 α 之间的变化关系图。可知当需求预测参数 θ 和突变强度 $L_1 - L_0$ 固定时,库存调整参数 α 越大,在途库存收敛时间越短,收敛越快。

第3章 阶跃型突变需求下存在订货提前期时库存的动力学行为分析及管理策略

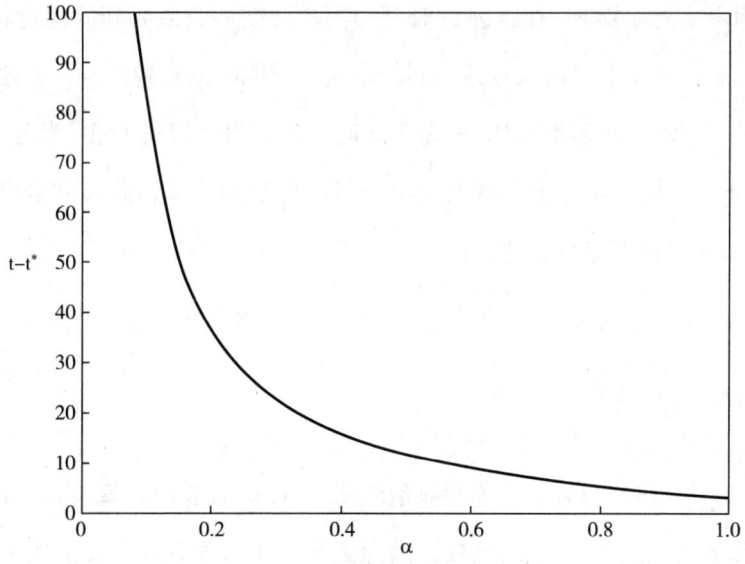

图3-7 在途库存收敛时间与 α 的关系

取 $\alpha=0.5$，$\theta=0.6$，$\varepsilon=0.05$，得到如图3-8所示的在途库存收敛时间 $t-t^*$ 与突变强度 L_1-L_0 之间的变化关系图。可知当需求预测参数 θ 和库存调整参数 α 固定时，突变强度 L_1-L_0 越大，在途库存收敛时间越长，收敛越慢。

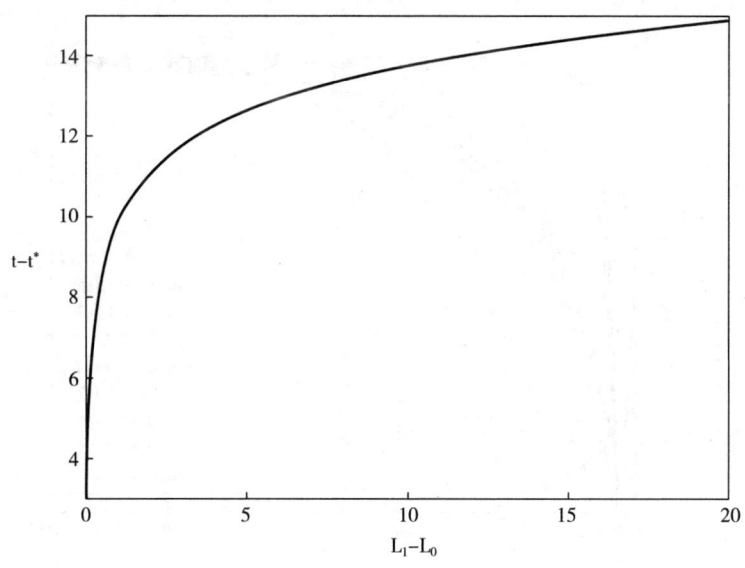

图3-8 在途库存收敛时间与 L_1-L_0 的关系

下面考察总库存 $S_总$ 在经过 t^* 时刻的需求突变后收敛到新的稳定状态 $3L_1$ 所需的时间，由于有可能永远达不到稳定点，只能收敛到稳定点，为此，假设总库存 $S_总$ 与新的稳定状态 $3L_1$ 的差为 ε 时，就认为收敛到了稳定状态。

由 $|S_总 - 3L_1| \leqslant \varepsilon$，认为不等式取等号时即达到要求，此时可求出总库存收敛时间 $t-t^*$ 的隐函数表达式：

$$\left| (1-\theta)^{t-1}(1-\alpha)^{t-2}(1+3\alpha)\frac{(1-\alpha^2)(1-\theta)-\alpha}{\alpha} + 4(1-\alpha)^{t-2}(\alpha^2+\alpha-1) - \frac{(1+3\alpha)(1-\theta)^t}{\alpha} \right| = \frac{\varepsilon}{L_1-L_0} \quad (3-18)$$

由式（3-18）可知，总库存收敛时间 $t-t^*$ 是需求预测参数 θ、库存调整参数 α 和突变强度 L_1-L_0 的函数，因为突变发生后库存在平衡点附近波动一段时间后才收敛到平衡点，所以同一个 θ，α 或 L_1-L_0 的值可能对应不同的值来满足上述绝对值等式，此时取最大的值进行比较。下面用仿真方法来研究它们之间的具体变化关系。

取 $L_1=8$，$L_0=4$，$\varepsilon=0.05$ 时，总库存随时间的变化如图 3-9 所示，需求

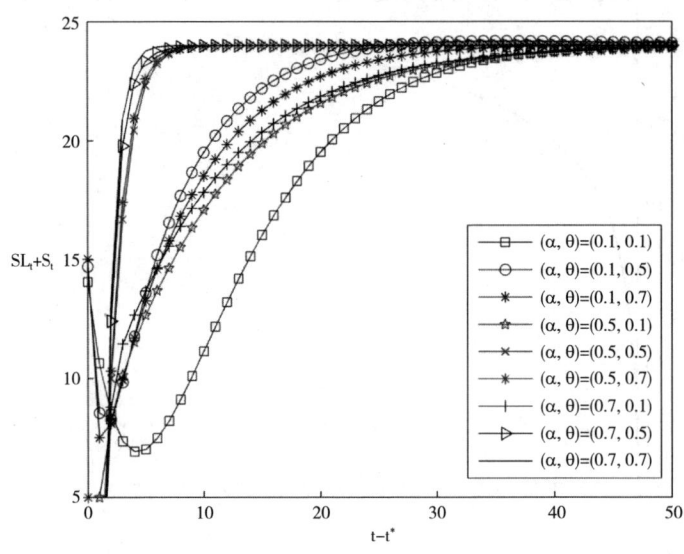

图 3-9 总库存随时间的变化关系

发生突变后总库存经过一定的震荡收敛到平衡点,从图中可以看出,在我们的取值范围内,当 α 固定时,θ 越大,总库存收敛到平衡点所需时间越短。当 θ 固定时,α 越大,总库存收敛到平衡点所需时间越短。

取 $L_1=8$,$L_0=4$,$\varepsilon=0.05$,$\alpha=0.5$,$\theta=0.7$ 时,在库库存、在途库存以及总库存随时间的变化趋势如图 3-10 所示,在库库存和总库存经过一定的震荡收敛分别到平衡点 16 和 24,而在途库存直接收敛到平衡点。由此可知,在库库存对总库存的影响比在途库存对总库存的影响更大。

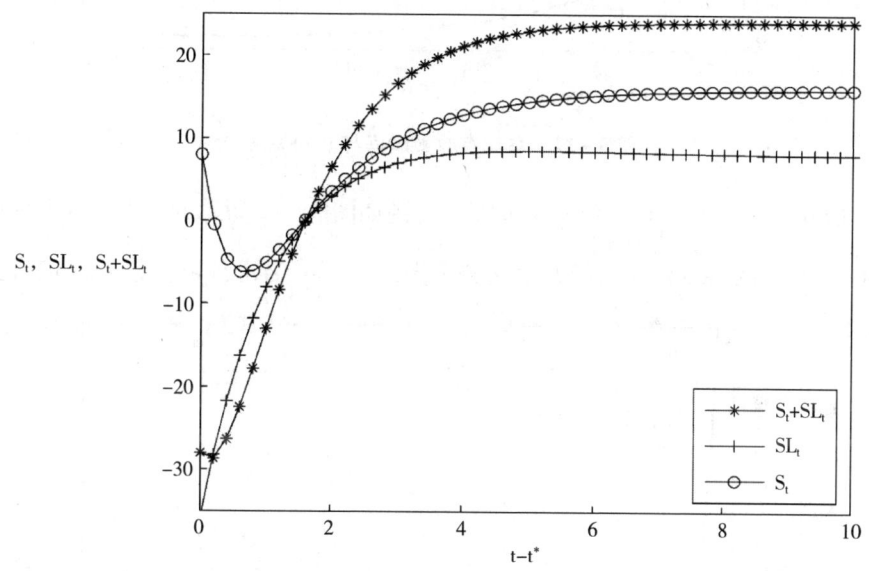

图 3-10 S_t,SL_t,S_t+SL_t 随时间的变化关系

取 $\alpha=0.8$,$L_1-L_0=4$,$\varepsilon=0.05$,得到如图 3-11 所示的总库存收敛时间 $t-t^*$ 与需求预测参数 θ 之间的变化关系图。可知当库存调整参数 α 取定值且突变强度 L_1-L_0 固定时,总库存收敛时间随 θ 的增大而减小。

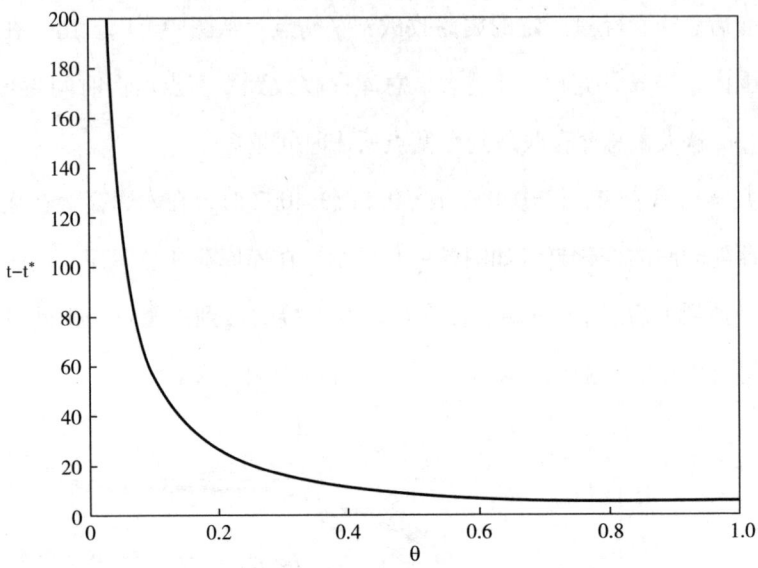

图 3-11　总库存收敛时间与 θ 的关系

取 θ = 0.5，$L_1 - L_0 = 4$，ε = 0.05，得到如图 3-12 所示的总库存收敛时间 $t - t^*$ 与库存调整参数 α 之间的变化关系图。可知当需求预测参数 θ 取定值且

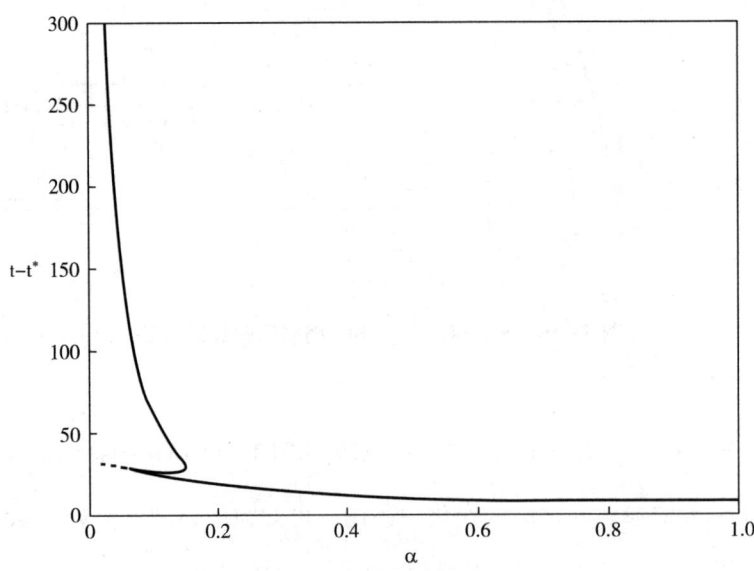

图 3-12　总库存收敛时间与 α 的关系

突变强度 $L_1 - L_0$ 固定时，总库存收敛时间随 α 的增大而减小。每个 α 可能对应不止一个 $t - t^*$ 的值，这是因为总库存不止一次到达平衡点，在平衡点上下震荡后收敛到平衡点。

取 α = 0.8，θ = 0.5，ε = 0.05，得到如图 3 – 13 所示的总库存收敛时间 $t - t^*$ 与突变强度 $L_1 - L_0$ 之间的变化关系图。可知当需求预测参数 θ 以及库存调整参数 α 取定值时，总库存收敛时间随 $L_1 - L_0$ 的增大而增大。

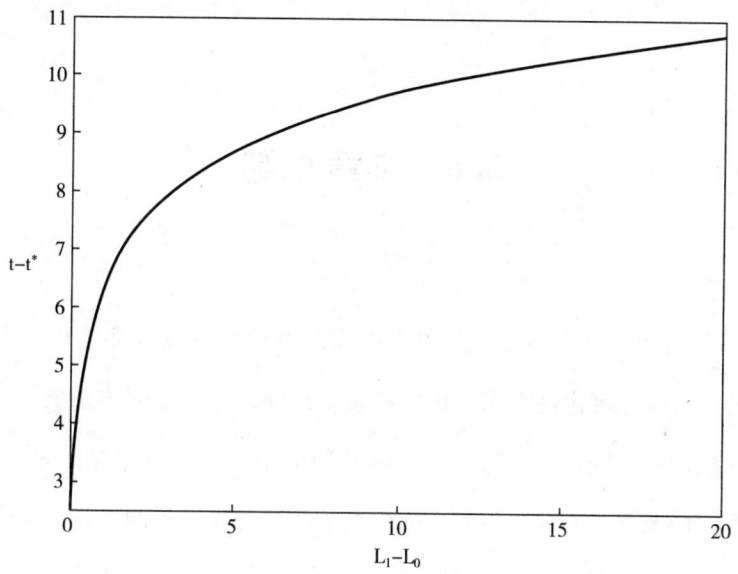

图 3 – 13　总库存收敛时间随突变强度 $L_1 - L_0$ 的变化关系

3.5　突变发生前后订单放大率分析

根据第 2 章对订单放大率的定义，由于 $O_{t^*} = L_{t^*} = L_0$，所以，

$$r = \frac{(O_{t^*+1} - O_{t^*})/O_{t^*}}{(L_{t^*+1} - L_{t^*})/L_{t^*}} = \frac{O_{t^*+1} - O_{t^*}}{L_{t^*+1} - L_{t^*}}$$

$$= \frac{-4\alpha L_0 + (1+3\alpha)[L_1 + (1-\theta)(L_0 - L_1)] + \alpha L_1 - L_1}{L_1 - L_0}$$

$$= (1+4\alpha) - (1+3\alpha)(1-\theta) \tag{3-19}$$

对上式求偏导数分析其单调性可得，$\frac{\partial r}{\partial \theta} = 4 - 3(1-\theta) > 0$，$\frac{\partial r}{\partial \alpha_s} = 1 + 3\alpha > 0$，表明 r 是 α 和 θ 的增函数，即 α 和 θ 其中之一或者两者同时增大，都会使放大率 r 增大。

3.6 本章小结

在 OUT 订单策略下，建立了单级供应链系统的多输入多输出状态空间模型，分析了阶跃型确定性需求下供应链系统的稳定性，证明了系统受到顾客阶跃需求的扰动后，经过一段时间能收敛到新的平衡点。以库存作为研究对象，分析了不同情况下，库存收敛到新平衡点的时间与需求预测参数、在库库存量与期望在库库存量偏差的调整幅度和突变强度之间的关系，通过仿真结果能直观地看出，当零售商采用简单指数平滑法来预测需求时，在途库存收敛时间与需求预测参数之间并不是一致的单调关系，当需求预测参数较小时，在途库存收敛时间随着需求预测参数的增大而降低，当需求预测参数较大时，在途库存收敛时间随着需求预测参数的增大而升高。在库库存和总库存收敛时间随着需求预测参数的增大而降低。而对在库库存量与期望在库库存量偏差的调整幅度越大，在途库存、在库库存以及总库存的收敛时间越短，系统收敛到新平衡点的速度越快。突变强度越小，收敛时间越短，在途库存、在库库存以及总库存的收敛时间越短，系统收敛到新平衡点的速度越快。在库库存对总库存的影响较大，总库存的变化趋势与在途库存的变化趋势比较相近。

本章还考察了突变发生瞬间的订单放大率，以此作为衡量供应链绩效的一个指标，解析结果表明：放大率随着需求预测参数的增大而增大，随着在库库存量与期望在库库存量偏差的调整幅度的增大而增大。

管理者希望收敛时间越短越好，因此需要把需求预测参数尽量取大，但是放大率也会随之增大，这样又会造成巨大的额外成本，为供应链的管理带来巨大挑战。所以将收敛时间和订单放大率同时作为供应链绩效的考核指标，需求预测参数和在库库存量与期望在库库存量偏差的调整幅度的取值就要慎重选择。这些结果在实际应用中具有一定的指导意义。

第 2 章、第 3 章基于非线性动力学理论，在阶跃型突变顾客需求下，从收敛时间和订单瞬时放大率两个角度对供应链系统受顾客突变需求影响后的恢复稳定能力进行度量，确定突变型顾客需求下供应链系统的绩效评价指标，并且分析了库存管理策略对供应链系统内在动力学行为的影响。这从一个方面解决了"牛鞭效应"、长期平均成本等平稳型随机顾客需求下供应链绩效度量指标不合适与突变型顾客需求的情况。这两章主要站在零售商的立场上，分析了订单和库存受阶跃型突变需求的影响以及扰动后的恢复情况。下面的第 4 章、第 5 章将从生产商角度出发，考察需求突变对生产计划的影响，研究需求突变发生后，生产商应该如何调整生产库存策略，以降低突变带来的损失。

第4章

阶跃型确定性需求下生产库存管理策略

第 4 章 阶跃型确定性需求下生产库存管理策略

供应链在良好运营状态下,供应和需求相对应的达到平衡。需求发生突变,会导致产品出现供应需求不相匹配的现象。生产商一般通过调节自身生产以及外部补货来满足市场需求。通过调节生产率适应需求是最直接的方式,采取合理的策略调整生产率,重新实现供应与需求的平衡,进而降低需求突变造成的损失。本章以不发生任何突变的模型入手研究生产商应该采取的生产库存计划,然后考虑需求发生一次突变时,生产商应该如何调整原有的生产库存计划,尽可能减轻需求突变带来的危害。

4.1 引 言

企业生产的基本作用是对企业生产任务、生产能力、企业资源三者的平衡,对供应商而言,优化生产计划至关重要。生产商可以通过提高劳动效率、降低废品率等手段提高生产能力。苹果最大的代工厂商富士康获得了 70% 的 4.7 英寸的 iPhone 6 订单以及全部 5.5 英寸的 iPhone 6 订单,这两款机型在 2015 年的订单量达到 7000 万部至 8000 万部。为了满足 iPhone 6 的供货需求,富士康进行了大规模招工。据报道称,新增招工总人数超过 10 万人。iPhone 6S 一上市便引发了抢购,但第一波抢购潮之后,这款产品却出现了疲软的迹象。苹果削减了第一季度 iPhone 6S 的订单总量,幅度距上代产品下降约 30%,这导致富士康的部分 iPhone 6S 生产线被拆除。实际问题中,在市场需求不确定的情况下,生产商往往通过调整产出量实现生产与需求的重新匹配,因此,在产品交货期固定的前提下,市场需求发生变化时生产商怎样调整生产率来适应市场需求是亟待解决的问题。

库存管理是供应链管理的核心问题，在竞争越来越激烈的市场经济环境下，生产企业更加重视库存管理。一个库存过多的生产系统，不但会占用较多资金，而且会掩盖系统中存在的各种问题。例如，设备故障造成停机、工作质量低造成废品或返修、横向扯皮造成工期延误、计划不周造成生产脱节、工作人员绩效差等都可以动用各种库存，使矛盾钝化、问题被湮没。表面上看，生产仍在平衡进行，实际上整个生产系统可能已经岌岌可危。因此，日本人称库存是万恶之源，是生产系统设计不合理、生产过程不协调、生产操作不良的证明，并提出向零库存进军的口号。因此，在制订相关生产计划应对需求突变时，必须考虑库存保持在合理的水平，在满足市场需求的同时，降低剩余库存，甚至周期末无剩余库存。

目前，针对需求突变管理的研究很多是从供应角度出发，寻找能够持续供应的方法，调节生产策略是行之有效的方法之一，实现需求与供应的匹配，降低需求突变对供应链运营的影响。大部分调节生产策略的研究都采取了调节生产时间的办法，但是实际问题中，有些企业无法调整生产时间，只能通过增加或减少生产线来调节生产量。本章将从生产库存模型入手研究需求突变发生后决策者调整生产率的策略以及外部补货策略，并考虑需求突变发生时间和突变强度对最优生产库存计划调整决策的影响。

本章研究的生产库存系统在周期初库存为零，在周期初针对市场需求制订最初的生产库存计划，在生产时间确定的前提下，选择合理的生产率使满足所有需求的同时周期末库存降为零。在周期内，市场需求发生一次突变，根据需求突变发生的时间与强度不同，对生产库存策略进行调整。

4.2 模型与假设

考虑由一个生产商和一个零售商组成的生产—库存系统,假设生产商在每个周期内生产和销售某种短生命周期产品,生产商在周期初根据当前需求确定最优生产率,并按照生产计划进行生产。为了应对未知的市场波动,生产商需要制订弹性的生产库存计划。生产库存的弹性体现在生产商可以通过调节生产率以及进行外部补货应对变化的需求率。

同一周期内生产商可以在一定范围内调节生产率,但是不能无限制地扩大生产率,这种情况在实际生产运作过程中常常遇到,生产商一般会设置一些弹性生产线,但是由于生产设备、操作人员等的限制,提高生产率的边际成本越来越大。大多数流水线上生产多种产品,生产商必须按照事先制定好的生产时间进行生产,所以生产阶段不能延长。在不允许缺货的情况下,生产商可以向外部供应商订货,每次订货产生一定的订货成本,因此生产商会尽可能地减少订货次数。对于短生命周期产品而言,生产商为了降低损耗成本,在不考虑订货提前期的情况下,把订货点定在库存降为零的时间点。由于一般情况下外部补货成本高于生产成本,因此生产商通常首选自己生产产品来满足市场需求。

假设突变发生前的需求率为 d,需求率在销售周期内的 t_d 时刻发生突变,变为 $d+\Delta d$ ($-d\leqslant\Delta d$),$\Delta d<0$ 时,需求率突然减小,$\Delta d>0$ 时,需求率突然增加。由此得出生产—库存系统如图 4-1 所示。

生产系统满足如下假设:

(1) 生产商只生产一种产品,生产商的原材料供应商的供应能力不受限制。

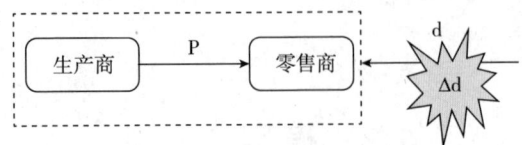

图4-1 遭受突变的生产—库存系统

(2) 易逝品的贬值率为确定的常数 θ。

(3) 不允许缺货,订货成本较高,生产商选择尽量少的订货次数以及订货量。

(4) 在有限时间内,周期长度是确定的,设为 H。

(5) 第 i($i=1,2,\cdots,n$)个区间内的 t($t\in[0,H]$)时刻的库存记为 $I_i(t)$。

(6) 突变发生之前,生产率为 P,需求率为 d,P>d,存在常数 $\alpha>1$,生产率最大到 αP,即 $P_d\leq\alpha P$。

文中符号及其含义说明如表4-1所示。

表4-1 符号含义说明

符号	含义	符号	含义
d	需求突变发生前的需求率	P	生产突变发生前的生产率
t_d	需求率发生突变的时间	Δd	需求突变强度
H	计划周期	θ	损失率
T	生产时间	α	最大生产率放大倍数
t_r	一次补货时的补货时间	Q_r	补货量
P_d	根据突变情况调整后的生产率	Q_H	期末剩余库存

需求突变发生在生产完成之前,生产商可以根据需求变化情况,通过调节生产率来增加或者减小输出量。若需求突变发生在生产完成之后,生产商输出

量已经确定,若需求增加,则只能通过外部补货满足计划外的需求。若需求降低,那么周期末将存在剩余库存。下面分不同情形分别讨论。

4.3 不发生需求突变时的生产—库存模型

在周期初,生产商针对需求不发生突变的情形制订生产计划,确定生产率P_0。此时库存模型如图4-2所示。

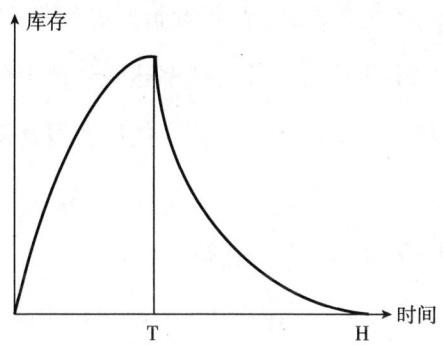

图4-2 不发生突变时的生产—库存系统

库存系统状态方程可表示为如下微分方程组(Ghare 和 Schrader, 1963):

$$\begin{cases} \dfrac{dI_1(t)}{dt} + \theta I_1(t) = P_0 - d, & 0 < t \leqslant T \\ \dfrac{dI_2(t)}{dt} + \theta I_2(t) = -d, & T < t \leqslant H \end{cases} \quad (4-1)$$

其中,$I_1(t)$表示生产阶段的库存水平,$I_2(t)$是生产完成后的库存水平。

由边界条件 $I_1(0)=0$，$I_2(H)=0$，$I_1(T)=I_2(T)$ 解得原计划生产率：

$$P_0 = \frac{-d + de^{\theta H}}{e^{\theta T} - 1} \tag{4-2}$$

4.4　阶跃型需求突变下的生产库存管理策略

4.4.1　需求突变发生在生产完成之前的生产—库存模型（$t_d < T$）

需求突变发生在生产完成之前，生产商根据需求突变发生的时间以及突变强度的不同调整原有的生产计划。若生产率达到生产上限仍不能满足市场需求，则生产商应首先将生产率调到最大值，然后在库存降至零点时进行外部补货。

定理4.1　当 $\Delta d > 0$，$t_d < T$ 时，有如下结论。

（i）当 $\Delta d(e^{\theta H} - e^{\theta t_d}) + e^{\theta t_d}(\alpha - 1)P_0 \leq (\alpha e^{\theta T} - 1)P_0 + d(1 - e^{\theta H})$ 时，调整生产率即可满足市场需求，调整后的生产率为：

$$P_1 = \frac{(d + \Delta d)\ e^{\theta H} - e^{\theta t_d}\ (P_0 + \Delta d)\ + P_0 - d}{e^{\theta T} - e^{\theta t_d}} \tag{4-3}$$

（ii）当 $\Delta d(e^{\theta H} - e^{\theta t_d}) + e^{\theta t_d}(\alpha - 1)P_0 > (\alpha e^{\theta T} - 1)P_0 + d(1 - e^{\theta H})$ 并且 $\alpha P_0 - (d + \Delta d) + e^{-\theta T}[(P_0 + \Delta d - \alpha P_0)e^{\theta t_d} - P_0 + d] < 0$ 时，生产率扩大至最大值 αP_0，生产完成之前需要进行一次补货，即 $t_r \in (t_d, T)$。补货时间、补货量分别为：

$$t_r = \frac{1}{\theta}\ln\frac{P_0 - d - (P_0 + \Delta d - \alpha P_0)\ e^{\theta t_d}}{\alpha P_0 - (d + \Delta d)} \tag{4-4}$$

$$Q_r = \frac{\alpha P_0 - (d + \Delta d)}{\theta} + \frac{(d + \Delta d)e^{\theta H} - \alpha P_0 e^{\theta T}}{\theta} \cdot \frac{\alpha P_0 - (d + \Delta d)}{P_0 - d - (P_0 + \Delta d - \alpha P_0)e^{\theta t_d}}$$

(4-5)

(iii) 当 $\Delta d(e^{\theta H} - e^{\theta t_d}) + e^{\theta t_d}(\alpha - 1)P_0 > (\alpha e^{\theta T} - 1)P_0 + d(1 - e^{\theta H})$ 并且 $\alpha P_0 - (d + \Delta d) + e^{-\theta T}[(P_0 + \Delta d - \alpha P_0)e^{\theta t_d} - P_0 + d] \geq 0$ 时,生产率扩大至最大值 αP_0,生产完成之后需要进行一次补货,即 $t_r \in (T, H)$。补货时间、补货量分别为:

$$t_r = \frac{1}{\theta} \ln \frac{\alpha P_0 e^{\theta T} - P_0 + d + (P_0 + \Delta d - \alpha P_0)e^{\theta t_d}}{d + \Delta d}$$

(4-6)

$$Q_r = \frac{-(d + \Delta d)}{\theta} + \frac{(d + \Delta d)^2 e^{\theta H}}{\theta [\alpha P_0 e^{\theta T} - P_0 + d + (P_0 + \Delta d - \alpha P_0)e^{\theta t_d}]}$$

(4-7)

证明:(i) 当生产商不需要补货时,库存模型如图 4-3 所示。

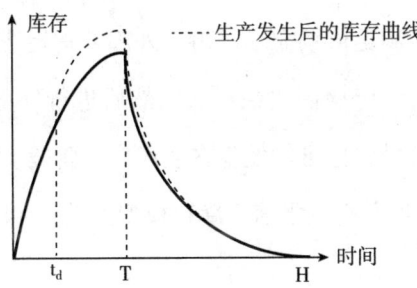

图 4-3 $\Delta d > 0$,$t_2 \leq T_1$ 期末无剩余库存时的库存变化曲线

库存系统状态方程表示为:

$$\begin{cases} \dfrac{dI_1(t)}{dt} + \theta I_1(t) = P_0 - d, & 0 < t \leq t_d \\[6pt] \dfrac{dI_2(t)}{dt} + \theta I_2(t) = P_1 - (d + \Delta d), & t_d < t \leq T \\[6pt] \dfrac{dI_3(t)}{dt} + \theta I_3(t) = -(d + \Delta d), & T < t \leq H \end{cases}$$

(4-8)

由边界条件 $I_1(0)=0$，$I_3(H)=0$，$I_1(t_d)=I_2(t_d)$ 解得：

$$I_2(t)=\frac{P_1-(d+\Delta d)}{\theta}+e^{-\theta t}\frac{(P_0+\Delta d-P_1)e^{\theta t_d}-P_0+d}{\theta} \qquad (4-9)$$

$$I_3(t)=\frac{d+\Delta d}{\theta}(e^{\theta(H-t)}-1) \qquad (4-10)$$

由 $I_2(T)=I_3(T)$ 解得调整后的生产率：

$$P_1=\frac{(d+\Delta d)\ e^{\theta H}-e^{\theta t_d}\ (P_0+\Delta d)\ +P_0-d}{e^{\theta T}-e^{\theta t_d}} \qquad (4-11)$$

若 $P_1=\dfrac{(d+\Delta d)\ e^{\theta H}-e^{\theta t_d}\ (P_0+\Delta d)\ +P_0-d}{e^{\theta T}-e^{\theta t_d}}\leqslant \alpha P_0$，即：

$$\Delta d(e^{\theta H}-e^{\theta t_d})+e^{\theta t_d}(\alpha-1)P_0\leqslant(\alpha e^{\theta T}-1)P_0+d(1-e^{\theta H})$$

则生产商只调整生产时间即可满足突变后的需求。

若 $\Delta d(e^{\theta H}-e^{\theta t_d})+e^{\theta t_d}(\alpha-1)P_0>(\alpha e^{\theta T}-1)P_0+d(1-e^{\theta H})$，则生产商把生产率调至最大仍不能满足市场需求。由于外部补货耗费的成本比自己生产产品更多，此时生产商将生产率调整到最大，然后进行外部补货满足新的需求。补货可能发生在生产阶段，也可能发生在生产完成阶段。

（ii）补货发生在生产完成之前，库存模型如图 4-4 所示。

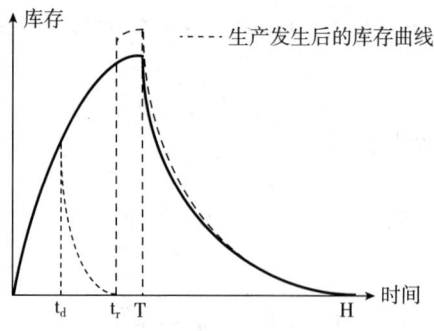

图 4-4　$\Delta d>0$，$t_d\leqslant T$ 补货发生在生产完成之前的库存变化曲线

库存系统状态方程为:

$$\begin{cases} \dfrac{dI_1(t)}{dt} + \theta I_1(t) = P_0 - d, & 0 < t \leq t_d \\[6pt] \dfrac{dI_2(t)}{dt} + \theta I_2(t) = P_1 - (d + \Delta d), & t_d < t \leq t_r \\[6pt] \dfrac{dI_3(t)}{dt} + \theta I_3(t) = P_1 - (d + \Delta d), & t_r < t \leq T \\[6pt] \dfrac{dI_4(t)}{dt} + \theta I_4(t) = -(d + \Delta d), & T < t \leq H \end{cases} \quad (4-12)$$

由边界条件 $I_1(0)=0$, $I_4(H)=0$, $I_1(t_d)=I_2(t_d)$, $I_3(T)=I_4(T)$ 并且 $P_1 = \alpha P_0$ 解得:

$$I_2(t) = \dfrac{\alpha P_0 - (d+\Delta d)}{\theta} + e^{-\theta t}\dfrac{(P_0 + \Delta d - \alpha P_0)e^{\theta t_d} - P_0 + d}{\theta} \quad (4-13)$$

若 $I_2(T) < 0$,则在 T 时刻之前库存降为零点,库存零点必须进行补货。

由 $I_2(T) = \dfrac{\alpha P_0 - (d+\Delta d)}{\theta} + e^{-\theta T}\dfrac{(P_0 + \Delta d - \alpha P_0)e^{\theta t_d} - P_0 + d}{\theta} < 0$,解得:

$$\alpha P_0 - (d+\Delta d) + e^{-\theta T}[(P_0 + \Delta d - \alpha P_0)e^{\theta t_d} - P_0 + d] < 0 \quad (4-14)$$

$$I_3(t) = \dfrac{\alpha P_0 - (d+\Delta d)}{\theta} + e^{-\theta t}\dfrac{(d+\Delta d)e^{\theta H} - \alpha P_0 e^{\theta T}}{\theta} \quad (4-15)$$

$$I_4(t) = \dfrac{d+\Delta d}{\theta}(e^{\theta(H-t)} - 1) \quad (4-16)$$

由 $I_2(t_r) = 0$ 解得补货时间和补货量分别为:

$$t_r = \dfrac{1}{\theta}\ln\dfrac{P_0 - d - (P_0 + \Delta d - \alpha P_0)e^{\theta t_d}}{\alpha P_0 - (d+\Delta d)} \quad (4-17)$$

$$Q_r = I_3(t_r)$$
$$= \dfrac{\alpha P_0 - (d+\Delta d)}{\theta} + \dfrac{(d+\Delta d)e^{\theta H} - \alpha P_0 e^{\theta T}}{\theta} \cdot \dfrac{\alpha P_0 - (d+\Delta d)}{P_0 - d - (P_0 + \Delta d - \alpha P_0)e^{\theta t_d}}$$

$$(4-18)$$

(ⅲ) 补货发生在生产完成之后,库存模型如图4-5所示。

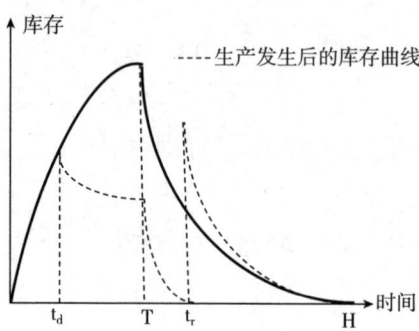

图4-5 $\Delta d > 0$, $t_2 \leq T_1$ 补货发生在生产完成之后的库存变化曲线

库存系统状态方程为:

$$\begin{cases} \dfrac{dI_1(t)}{dt} + \theta I_1(t) = P_0 - d, & 0 < t \leq t_d \\[2mm] \dfrac{dI_2(t)}{dt} + \theta I_2(t) = P_1 - (d + \Delta d), & t_d < t \leq T \\[2mm] \dfrac{dI_3(t)}{dt} + \theta I_3(t) = -(d + \Delta d), & T < t \leq t_r \\[2mm] \dfrac{dI_4(t)}{dt} + \theta I_4(t) = -(d + \Delta d), & t_r < t \leq H \end{cases} \quad (4-19)$$

由边界条件 $I_1(0) = 0$,$I_4(H) = 0$,$I_1(t_d) = I_2(t_d)$,$I_3(T) = I_2(T)$ 并且 $P_1 = \alpha P_0$ 解得:

$$I_2(t) = \frac{\alpha P_0 - (d + \Delta d)}{\theta} + e^{-\theta t} \frac{(P_0 + \Delta d - \alpha P_0) e^{\theta t_d} - P_0 + d}{\theta} \quad (4-20)$$

$$I_3(t) = \frac{-(d + \Delta d)}{\theta} + e^{-\theta t} \frac{(P_0 - \alpha P_0 + \Delta d) e^{\theta t_d} + \alpha P_0 e^{\theta T} - P_0 + d}{\theta} \quad (4-21)$$

$$I_4(t) = \frac{d + \Delta d}{\theta}(e^{\theta(H-t)} - 1) \quad (4-22)$$

生产完成之后需要补货,即 $I_3(H) < 0$,由此可得:

$$\frac{-(d + \Delta d)}{\theta} + e^{-\theta H}[(P_0 - \alpha P_0 + \Delta d) e^{\theta t_d} + \alpha P_0 e^{\theta T} - P_0 + d] < 0$$

由 $I_3(t_r) = 0$ 解得补货时间和补货量分别为：

$$t_r = \frac{1}{\theta}\ln\frac{\alpha P_0 e^{\theta T} - P_0 + d + (P_0 + \Delta d - \alpha P_0)e^{\theta t_d}}{d + \Delta d} \quad (4-23)$$

$$Q_r = I_4(t_r) = \frac{-(d + \Delta d)}{\theta} + \frac{(d + \Delta d)^2 e^{\theta H}}{\theta[\alpha P_0 e^{\theta T} - P_0 + d + (P_0 + \Delta d - \alpha P_0)e^{\theta t_d}]} \quad (4-24)$$

证毕。

定理 4.2 当 $\Delta d \leq 0$，$t_d < T$ 时，有如下结论。

（ⅰ）当 $-(d + \Delta d) + (P_0 + \Delta d)e^{\theta(t_d - H)} - (P_0 - d)e^{-\theta H} \leq 0$ 时，调整生产率即可满足市场需求，且周期末无剩余库存，调整后的生产率为：

$$P_1 = \frac{(d + \Delta d)e^{\theta H} + P_0 - d - (P_0 + \Delta d)e^{\theta t_d}}{e^{\theta H} - e^{\theta t_d}} \quad (4-25)$$

（ⅱ）当 $-(d + \Delta d) + (P_0 + \Delta d)e^{\theta(t_d - H)} - (P_0 - d)e^{-\theta H} > 0$ 时，突变发生时立即停止生产，且周期末有剩余库存，剩余库存量为：

$$Q_H = \frac{-(d + \Delta d)}{\theta} + \left[\frac{P_0 + \Delta d}{\theta}e^{\theta t_d} - \frac{P_0 - d}{\theta}\right]e^{-\theta H} \quad (4-26)$$

需求在某个时刻突然减少，则生产商根据新的需求调整生产率来避免周期末的剩余库存。

证明：（ⅰ）调整生产时间使周期末库存为零，此时库存变化曲线如图 4-6 所示。

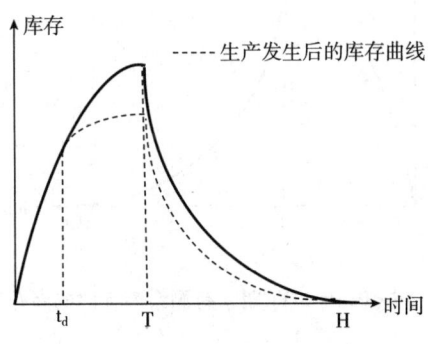

图 4-6 $\Delta d < 0$，$t_2 \leq T_1$ 期末无剩余库存时的库存变化曲线

库存系统状态方程为:

$$\begin{cases} \dfrac{dI_1(t)}{dt} + \theta I_1(t) = P_0 - d, & 0 < t \leq t_d \\ \dfrac{dI_2(t)}{dt} + \theta I_2(t) = P_1 - (d + \Delta d), & t_d < t \leq T \\ \dfrac{dI_3(t)}{dt} + \theta I_3(t) = -(d + \Delta d), & T < t \leq H \end{cases} \quad (4-27)$$

由边界条件 $I_1(0) = 0$, $I_3(H) = 0$, $I_1(t_d) = I_2(t_d)$, $I_3(T) = I_2(T)$ 解得:

$$I_2(t) = \frac{P_1 - (d + \Delta d)}{\theta} + \left[\frac{P_0 + \Delta d - P_1}{\theta} e^{\theta t_d} - \frac{P_0 - d}{\theta}\right] e^{-\theta t} \quad (4-28)$$

$$I_3(t) = \frac{d + \Delta d}{\theta}(e^{\theta(H-t)} - 1) \quad (4-29)$$

由 $I_3(T) = I_2(T)$ 解得生产率为:

$$P_1 = \frac{(d + \Delta d)e^{\theta H} + P_0 - d - (P_0 + \Delta d)e^{\theta t_d}}{e^{\theta H} - e^{\theta t_d}} \quad (4-30)$$

(ⅱ) 突变发生后立即停止生产,且周期末有剩余库存时的库存变化曲线如图 4-7 所示。

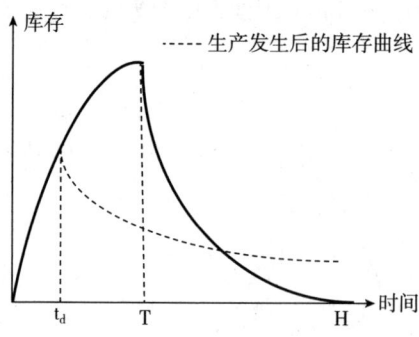

图 4-7　$\Delta d < 0$, $t_2 \leq T_1$ 期末有剩余库存时的库存变化曲线

库存系统状态方程为:

$$\begin{cases} \dfrac{dI_1(t)}{dt} + \theta I_1(t) = P_0 - d, & 0 < t \leq t_d \\ \dfrac{dI_2(t)}{dt} + \theta I_2(t) = -(d + \Delta d), & t_d < t \leq H \end{cases} \quad (4-31)$$

由边界条件 $I_1(0)=0$,$I_3(H)=0$,$I_1(t_d)=I_2(t_d)$ 解得:

$$I_2(t) = \frac{-(d+\Delta d)}{\theta} + \left[\frac{P_0+\Delta d}{\theta}e^{\theta t_d} - \frac{P_0-d}{\theta}\right]e^{-\theta t} \quad (4-32)$$

周期末有剩余库存,即 $I_2(H) > 0$ 解得:

$$-(d+\Delta d) + (P_0+\Delta d)e^{\theta(t_d-H)} - (P_0-d)e^{-\theta H} > 0 \quad (4-33)$$

$$Q_H = I_2(H) = \frac{-(d+\Delta d)}{\theta} + \left[\frac{P_0+\Delta d}{\theta}e^{\theta t_d} - \frac{P_0-d}{\theta}\right]e^{-\theta H} \quad (4-34)$$

证毕。

4.4.2 需求突变发生在生产完成之后的生产—库存模型 ($t_d \geq T$)

定理 4.3 当 $\Delta d > 0$,$t_d \geq T$ 时,通过外部补货满足市场需求,补货时间和补货量分别为:

$$t_r = \frac{1}{\theta}\ln\frac{de^{\theta H} + \Delta d e^{\theta t_d}}{d + \Delta d} \quad (4-35)$$

$$Q_r = \frac{d+\Delta d}{\theta}\left(\frac{(d+\Delta d)\,e^{\theta H}}{de^{\theta H} + \Delta d e^{\theta t_d}} - 1\right) \quad (4-36)$$

当生产完成之后发生突变,即需求突然增加,此时生产已经完成,无法改变产出量,只能依靠外部补货满足新的需求。

证明:外部补货满足市场需求时的库存变化曲线如图 4-8 所示。

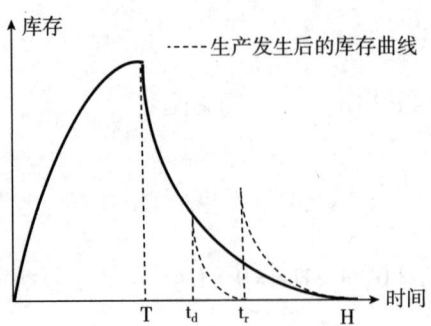

图 4-8　$\Delta d > 0$，$t_d \geq T$ 的库存变化曲线

库存系统状态方程为：

$$\begin{cases} \dfrac{dI_1(t)}{dt} + \theta I_1(t) = P_0 - d, & 0 < t \leq T \\[2mm] \dfrac{dI_2(t)}{dt} + \theta I_2(t) = -d, & T < t \leq t_d \\[2mm] \dfrac{dI_3(t)}{dt} + \theta I_3(t) = -(d + \Delta d), & t_d < t \leq t_r \\[2mm] \dfrac{dI_4(t)}{dt} + \theta I_4(t) = -(d + \Delta d), & t_r < t \leq H \end{cases} \quad (4-37)$$

由边界条件 $I_1(0) = 0$，$I_4(H) = 0$，$I_2(H) = 0$，$I_3(t_d) = I_2(t_d)$ 解得：

$$I_2(t) = \frac{d}{\theta}(e^{\theta(H-t)} - 1) \qquad (4-38)$$

$$I_3(t) = -\frac{d + \Delta d}{\theta} + \frac{de^{\theta H} + \Delta d e^{\theta t_d}}{\theta} e^{-\theta t} \qquad (4-39)$$

$$I_4(t) = \frac{d + \Delta d}{\theta}(e^{\theta(H-t)} - 1) \qquad (4-40)$$

由 $I_3(t_r) = 0$ 解得：

$$t_r = \frac{1}{\theta} \ln \frac{de^{\theta H} + \Delta d e^{\theta t_d}}{d + \Delta d} \qquad (4-41)$$

$$Q_r = \frac{d+\Delta d}{\theta}\left(\frac{(d+\Delta d)\ e^{\theta H}}{de^{\theta H}+\Delta de^{\theta t_d}} - 1\right) \quad (4-42)$$

证毕。

定理 4.4 当 $\Delta d \leqslant 0$，$t_d \geqslant T$ 时，周期末有剩余库存，剩余库存量为：

$$Q_H = -\frac{d+\Delta d}{\theta} + \frac{de^{\theta H}+\Delta de^{\theta t_d}}{\theta}e^{-\theta H} \quad (4-43)$$

证明：周期末有剩余库存时的库存变化曲线如图 4-9 所示。

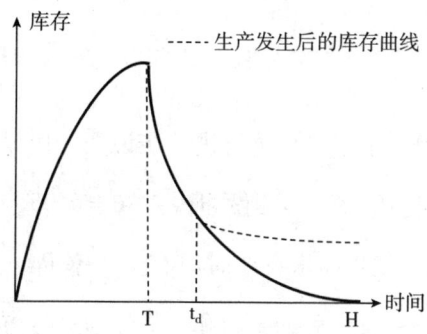

图 4-9 $\Delta d \leqslant 0$，$t_d \geqslant T$ 的库存变化曲线

库存系统状态方程为：

$$\begin{cases} \dfrac{dI_1(t)}{dt} + \theta I_1(t) = P_0 - d, & 0 < t \leqslant T \\[6pt] \dfrac{dI_2(t)}{dt} + \theta I_2(t) = -d, & T < t \leqslant t_d \\[6pt] \dfrac{dI_3(t)}{dt} + \theta I_3(t) = -(d+\Delta d), & t_d < t \leqslant H \end{cases} \quad (4-44)$$

由边界条件 $I_1(0) = 0$，$I_2(H) = 0$，$I_3(t_d) = I_2(t_d)$，解得：

$$I_2(t) = \frac{d}{\theta}(e^{\theta(H-t)} - 1) \quad (4-45)$$

$$I_3(t) = -\frac{d+\Delta d}{\theta} + \frac{de^{\theta H} + \Delta de^{\theta t_d}}{\theta} e^{-\theta t} \qquad (4-46)$$

$$Q_H = I_3(H) = -\frac{d+\Delta d}{\theta} + \frac{de^{\theta H} + \Delta de^{\theta t_d}}{\theta} e^{-\theta H} \qquad (4-47)$$

证毕。

4.5 数值仿真

下面通过数值举例对上述结果进行进一步说明。假设生产时间 $T=14$，需求率 $d=300$，销售周期 $H=30$，易逝品损失率 $\theta=0.05$，生产率上限系数 $\alpha=1.5$。由此计算得出在不发生需求突变时原有生产率 $P_0=1030.3$。下面对周期内不同情形下的需求突变发生后的生产和补货计划进行仿真。

4.5.1 需求突变强度对生产库存策略的影响

假设顾客需求在时刻 6 发生突变，即 $t_d=6$。需求突变发生在生产完成之前，根据 Δd 取值范围的不同，分情形讨论 Δd 与生产率 P_d，补货时间 t_r 及补货量 Q_r 之间的关系，如图 4-10、图 4-11、图 4-12 所示。

图 4-10 表明生产率是关于 Δd 的分段函数。当 $\Delta d < -218.4$ 时，此时需求突变发生在生产完成之前，需求突然降低，系统必须立即停止生产，且周期末产生剩余库存。$-218.4 \le \Delta d < 0$ 时，需求在时刻 6 突然变小，此时调整生产率降低产出量，在满足市场需求的同时使期末剩余库存为零。生产率是需求率突变强度 Δd 的减函数，即需求降低越多，生产率越小。当 $0 \le \Delta d < 109.2$ 时，需求在时刻 6 突然增大，此时调整生产率提高产出量，生产商不需要外部

补货即能满足突变后的需求。需求增加越多，调整后的生产率越大。当 $\Delta d \geqslant 109.2$ 时，生产率调至最大仍不能满足市场需求，需要进行外部补货，且补货时间发生在生产完成之后。

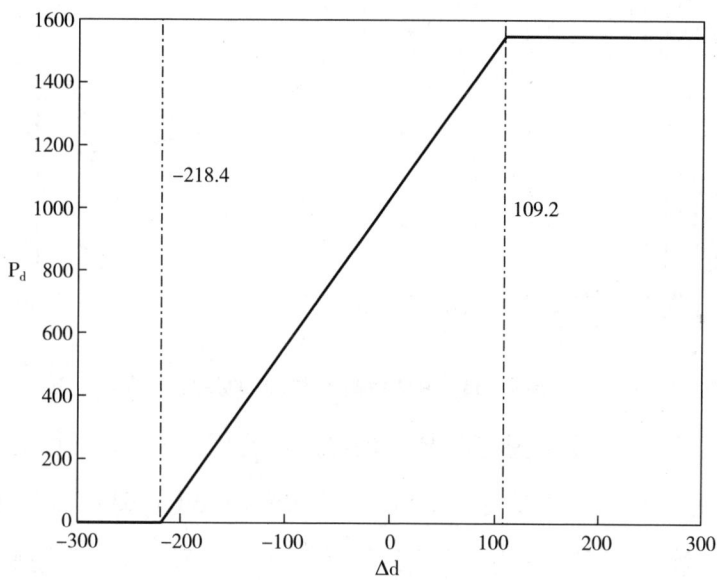

图 4-10 生产率 P_d 与 Δd 的关系

图 4-11 描述了补货时间与需求突变强度 Δd 之间的关系，不难看出补货时间是需求突变率的分段线性函数。在设定的取值下，当 $109.2 \leqslant \Delta d \leqslant 1630.3$ 时，系统将生产率调至最大值，仍然不能满足新的市场需求，系统需要依靠外部补货以满足顾客需求率，补货时间随着需求率突变强度 Δd 的增大而减小。当 $\Delta d > 1630.3$ 时，同样地，系统将生产率调至最大值，仍然不能满足新的市场需求，系统需要依靠外部补货以满足顾客需求率，补货时间随着需求率突变强度 Δd 的增大而减小。

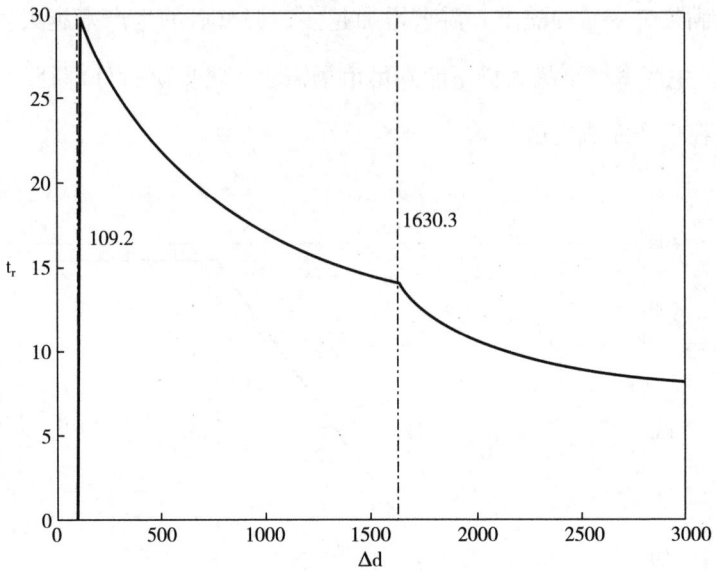

图 4-11　补货时间 t_r 与 Δd 的关系

图 4-12 说明了补货量与需求突变强度 Δd 之间的关系，补货量是需求突变率的分段线性函数。在设定的取值下，当 $109.2 \leqslant \Delta d \leqslant 1630.3$ 时，系统将生

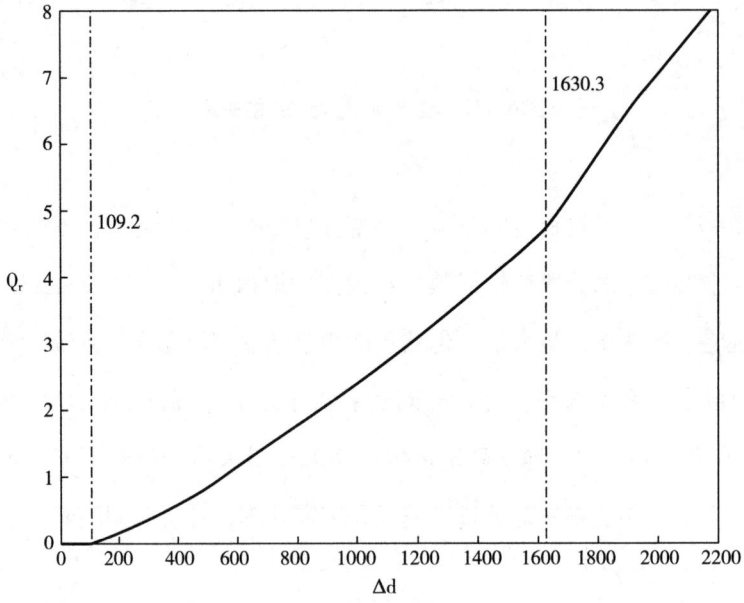

图 4-12　补货量 Q_r 与 Δd 的关系

产率调至最大值,仍然不能满足新的市场需求,系统需要依靠外部补货以满足顾客需求率,补货量随着需求率突变强度 Δd 的增大而增大。当 $\Delta d > 1630.3$ 时,同样地,系统将生产率调至最大值,仍然不能满足新的市场需求,系统需要依靠外部补货以满足顾客需求率,补货量随着需求率突变强度 Δd 的增大而增大。

4.5.2 需求突变时间对生产库存策略的影响

假设顾客需求在某时刻发生向上突变,且突变强度为 100,即 $\Delta d = 100$。需求突变可能发生在周期内的任意时刻,根据 t_d 取值范围的不同,分情形讨论 t_d 与补货时间 t_r 及补货量 Q_r 之间的关系,如图 4-13 和图 4-14 所示。由图 4-13 可知,补货量是需求突变发生时间的分段线性函数。在以上设定的取

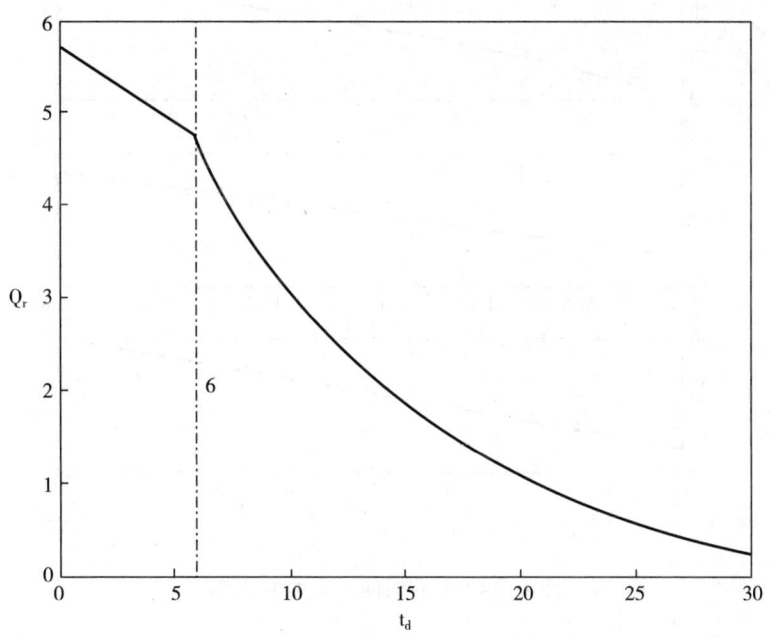

图 4-13 补货量 Q_r 与 t_d 的关系

值下,当 $t_d \leq 6$ 时,系统将生产率调至最大值,仍然不能满足新的市场需求,系统需要依靠外部补货以满足顾客需求率,补货量随着需求率突变时间 t_d 的增大而减小。当 $t_d > 6$ 时,系统将生产率调至最大值,仍然不能满足新的市场需求,系统需要依靠外部补货以满足顾客需求率,补货量的表达式与 $t_d \leq 6$ 时的补货时间有所不同,但同样是随着 t_d 递减的函数,及需求突变发生的时间越晚,对系统的作用时间越短,系统需要进行外部补货的量就越少,这与管理实际相吻合。

假设顾客需求在某个时刻发生突变,即 t_d 是未知的,需求向上发生阶跃且需求率突变强度 $\Delta d = 1500$,在不同情形下研究需求突变时间 t_d 与补货时间 t_r 之间的关系,如图 4-14 所示。

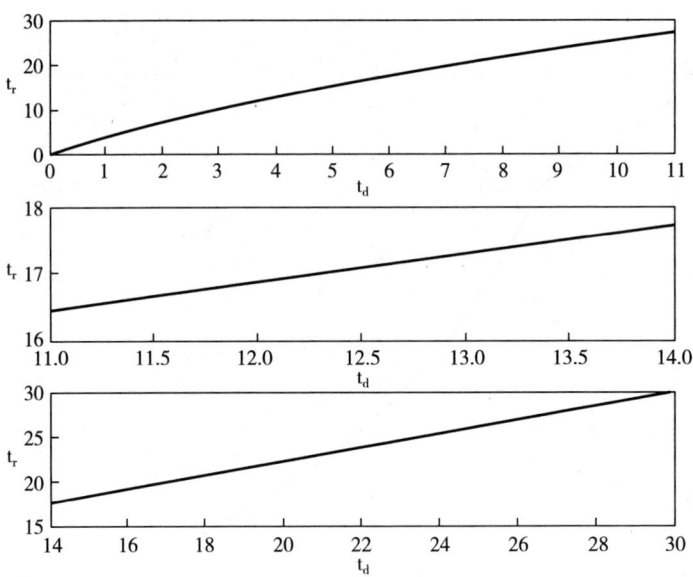

图 4-14 补货时间 t_r 与 t_d 的关系

为了方便发现补货时间与需求突变时间之间的函数关系,将突变强度值设定得很大,那么在周期内一旦发生突变,系统必须进行补货,这样函数变化会比较敏感,便于观察。从函数曲线不难发现,补货时间都是关于 t_d 的分段函数。由条件 $\alpha P_0 - (d + \Delta d) + e^{-\theta T}[(P_0 + \Delta d - \alpha P_0)e^{\theta t_d} - P_0 + d] < 0$ 代入先前设定值,$t_d = 11.2$ 是补货时间发生在生产完成前后的分界点。当 $t_d \leq 11.2$,需求突变发生在生产完成之前,因此生产商可以通过调节生产率满足一部分额外增加的市场需求,调节生产仍不能满足的部分,必须通过外部补货来满足,这个阶段内补货时间是需求突变时间的线性递增函数,并且补货发生在生产完成之前。t_d 越大,突变时间越大,即需求突变发生的越晚,对系统作用的时间越短,造成的影响越小,系统补货时间也越晚。当 $11.2 < t_d \leq 14$ 时,需求突变同样发生在生产完成之前,同样地,生产商可以通过调节生产率满足一部分额外增加的市场需求,调节生产仍不能满足的部分,必须通过外部补货来满足,这个阶段内补货时间是需求突变时间的线性递增函数,且补货发生在生产完成之后,t_d 越大,补货时间越大。当 $14 < t_d \leq 30$ 时,需求突变发生在生产完成之后,突变事件导致新的市场需求,此时生产已经完成,无法通过调节生产率满足市场需求,系统只能进行外部补货,且补货时间随着 t_d 的增大而增大。以上仿真结果与管理实践相吻合。

4.6 本章小结

本章在需求发生阶跃型突变的情形下,建立了更加灵活的生产—库存模型。需求突变表现为零售商面对的市场需求率发生突变。实际生产运作过程中，需求突变可以在任何时间以任何强度发生。本章研究结果可以帮助生产商制订生产和库存计划以应对需求发生的未知突变事件，降低突变造成的损失并且满足顾客需求。

在本章建立的生产库存系统中，生产商根据需求突变的具体情况对生产计划进行调整。若生产商通过调整生产率能满足市场需求，首先调整自身生产率，若调整生产率仍不能满足市场需求，由于昂贵的缺货成本，必须通过外部补货来满足，此时需要决策调整后的生产率、补货时间以及补货量。例如，若按照原有计划生产，周期末会产生剩余库存，此时应减小生产率以减少周期末的剩余库存。需求突变发生在生产完成前后，对系统的生产计划调整是不同的，据此分别对需求突变发生在生产完成之前和之后的情形进行讨论。在两种情形下，分别又根据需求突变的强度进行细分。这几种情况包含了当需求发生阶跃型突变时的所有情况，针对每种情况得出了相应的策略。管理者在生产销售周期内受到突变冲击后，根据突变强度和突变时间的大小判断其在哪些边界范围内，进而选择相应的策略，立即对生产库存策略进行调整。若调整生产率可以弥补突变造成的影响，即把生产率调整为 P_d；若调整生产率不能弥补突变造成的影响，库存在某个时刻降为零，则在该时刻订货，生产率放大至最大值，然后根据突变强度和突变时间确定相应的订货时间和订货量。

一旦突变发生，生产商需要快速做出响应，根据突变情况调整原有生产库存计划。如果生产商仅通过调整生产率就能满足市场需求，不同情形下，生产率表达式相同；否则，为了降低损失，生产商采取外部补货措施提高顾客满意度，补货点是库存降为零的点。

当突变强度大于零时，即市场需求增加，生产商提供原计划的生产率。提供生产率仍无法满足市场需求时，通过外部补货满足剩余的市场需求。所以生产商需要决策，采取多大生产率、是否需要补货、补货时间以及补货量是多少。若需求突变发生在生产完成之后，由于生产已经全部完成，当需求降低时，周期末存在剩余库存。剩余库存仅与需求突变有关，剩余库存随着需求突变强度的增加而降低，随着需求突变时间的增加而降低。当需求增大时，需要进行外部补货以满足增大的需求，补货时间以及补货量仅与需求突变有关。补货量随着需求突变强度的增加而增加，随着需求突变时间的增加而减少。补货时间随着需求突变强度的增加而减少，随着需求突变时间的增加而增加。

第 5 章

阶跃型生产和需求双突变下生产库存管理策略

第5章 阶跃型生产和需求双突变下生产库存管理策略

在实际生活中,生产率突变和需求率突变都是不可避免的。当供应链系统受到突发事件扰动后,除了调节生产率,也可以通过调节生产时间或外部补货来调整供应量,实现供应与需求的重新匹配。本章根据突变发生的时间以及突变强度的不同,通过调整生产时间对原有的生产库存计划进行调整。在不同情况下以最大限度满足顾客需求和降低剩余库存以及变质成本为目标,提出了最优的生产时间、补货时间以及补货量。

5.1 引 言

供应链是一个由供应商、制造商、分销商和零售商以及最终客户共同组成的实现从原材料到产成品,并最终满足客户需求的复杂系统。随着经济全球化的发展、自然环境的恶化以及市场竞争的加剧,自然灾害、重大公共卫生事件、国际政治事件、工人罢工等导致全球范围内灾难频发,并波及较大范围内的经济活动,使供应链各环节不断发生突变事件,给世界范围内的供应链管理带来了新的问题和挑战。

生产突变和需求突变可能随时以任意强度发生。例如,2012年飓风"桑迪"袭击了多个国家和地区,横扫美国东海岸,导致沿海工厂断电,生产车间被洪水淹没,取暖油的生产率发生突变。然而,由于飓风影响,温度降低,人们对取暖油的需求增加。这种案例正是本章所讨论的需求和生产同时发生突变的情况。

生产实践中,生产商通过控制产品输出量来满足顾客需求。面对增大的需求，生产商延长取暖油生产时间，或者进行外部补货。当需求降低时，生产商选择缩短生产时间以减少周期末库存。生产商需要决策生产时间，补货次数，每次补货的时间以及补货量。

假设生产商在周期初根据预测需求制订原始生产计划，周期内可能发生生产突变和需求突变。突变发生后，如不能有效应对，供应链会面临经济损失以及使顾客满意度降低。为了降低剩余库存成本，提高顾客满意度，根据突变发生的不同情况，需要研究最优生产库存计划调节方法。

考虑由一个生产商和一个零售商组成的生产—库存系统，生产突变和需求突变发生在同一个生产—库存系统中，不可提前预期，突变发生后生产商立即针对突变做出响应，当无法满足顾客需求时选择外部补货。本章的目标是帮助生产商制订最优生产库存计划。

5.2 假设和模型

假设在由一个生产商和一个零售商组成的生产—库存系统中，生产商在每个周期内生产和销售某种短生命周期产品，生产商在周期初根据当前需求制订生产计划，并按照生产计划进行生产。为了应对未知的市场波动以及生产突变，生产商需要制订弹性生产库存计划。生产库存的弹性体现在生产商可以通过调节生产时间以及进行外部补货来应对变化的需求和生产率。

生产突变有可能发生在需求突变之前，也有可能发生在需求突变之后。为了降低持有成本，生产商在库存降为零时进行补货，因此需要决策生产时间、补货时间以及补货量。

同一周期内生产商可以延长生产时间，但是只能进行一次生产，即生产完成后机器不再重新运作,这种情况在实际生产运作过程中常常遇到,因为每次重新开机生产都会产生昂贵的固定费用。生产多种产品的流水线上,生产商必须按照事先制定好的生产顺序进行生产。在不允许缺货的情况下,生产商可以向外部供应商订货,每次订货产生一定的订货成本,因此生产商尽可能地减少订货次数。对于短生命周期产品而言,生产商为了降低损耗成本,在不考虑订货提前期的情况下,把订货点定在库存降为零的时间点。由于外部补货成本通常高于生产成本,因此生产商通常首选自己生产产品来满足市场需求。如果在生产完成之前进行补货,则生产时间被延长至周期末。

假设突变发生前的需求率为 d,需求率在销售周期内的 t_d 时刻发生突变,需求率变为 $d+\Delta d$($-d \leqslant \Delta d$),$\Delta d<0$ 时,需求率突然减小,$\Delta d>0$ 时,需求率突然增加。同样地,突变发生前生产率为 P,生产率在 t_p 时刻发生突变,生产率突变发生后供应率变为 $P+\Delta P$,$\Delta P>0$ 时,供应突然增加。$\Delta P<0$ 时,供应突然减小。由此得出生产—库存系统如图 5-1 所示。

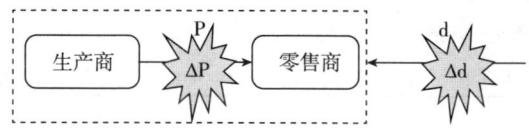

图 5-1 遭受突变的生产—库存系统

系统满足如下假设:

(1) 一个生产商只生产一种产品,生产商的原材料供应商的供应能力不受限制,在一个周期内生产商只连续生产一次,不允许重新开机生产。

(2) 易逝品的贬值率为确定的常数 θ。

(3) 不允许缺货,订货成本较高,生产商选择尽量少的订货次数以及订货量。

(4) 在有限时间内,周期长度是确定的,设为 H。

(5) 第 i (i = 1, 2, …, n) 个区间内的 t (t ∈ [0, H]) 时刻的库存记为 I_i (t)。

(6) 突变发生之前,生产率为 P,需求率为 d,P > d。

文中符号及其含义说明如表 5-1 所示。

表 5-1 符号含义说明

符号	含义	符号	含义
t_P	生产率发生突变的时间	P	生产突变发生前的生产率
t_d	需求率发生突变的时间	d	需求突变发生前的需求率
t_1	第一次突变发生的时间	θ	损失率
t_2	第二次突变发生的时间	Q_H	期末剩余库存
t_r	一次补货时的补货时间	ΔP	生产突变强度
t_{r1}	两次补货时的第一次补货时间	Δd	需求突变强度
t_{r2}	两次补货时的第二次补货时间	Δ_1	第一次突变对库存的扰动强度
H	计划周期	Δ_2	第二次突变对库存的扰动强度
T_0	不发生突变时的生产时间	Q_r	一次补货时的补货量
T_1	根据第一次突变情况调整后的生产时间	Q_{r1}	两次补货时的第一次补货量
T_2	根据两次突变情况调整后的生产时间	Q_{r2}	两次补货时的第二次补货量

其中,t_1,t_2,Δ_1 以及 Δ_2 分别表示如下:

$t_1 = \min(t_d, t_P)$,$t_2 = \max(t_d, t_P)$

$$\Delta_1 = \begin{cases} -\Delta d, & t_d < t_P \\ \Delta P, & t_d > t_P \end{cases}, \Delta_2 = \begin{cases} -\Delta d, & t_d > t_P \\ \Delta P, & t_d < t_P \end{cases}$$

一个周期内生产率突变和需求率突变发生的时间不确定,如果生产率突变发生在生产完成之后,对系统本周期的状态不产生影响,所以考虑生产率突变发生在生产完成之前,那么第一次突变无论是生产率突变还是需求率突变,第一次突变发生时生产尚未完成。根据第二次突变发生时,生产是否完成,分别进行讨论。

令 $C = (P-d)(1-e^{\theta H})$，$w = \begin{cases} 1, & t_1 = t_d \\ 0, & t_1 = t_P \end{cases}$，$\rho(t_2) = (P-d)(1-e^{\theta t_2})$。

T_i（$i=1, 2$），t_r，t_{ri}（$i=1, 2$），Q_r，Q_{ri}（$i=1, 2$）是本章的决策变量。在易逝品的生产和销售过程中，需求和供应在某些时刻发生突变，当突变发生后，怎样调整生产计划、确定生产时间、补货时间以及补货量使顾客需求率得到满足，同时使周期末剩余库存量最小，是本章要解决的问题。

5.3 生产或需求发生突变下的生产库存决策

在周期初，生产商针对不发生突变的情形制订生产计划，确定生产时间 T_0。此时库存模型如图 5-2 所示。

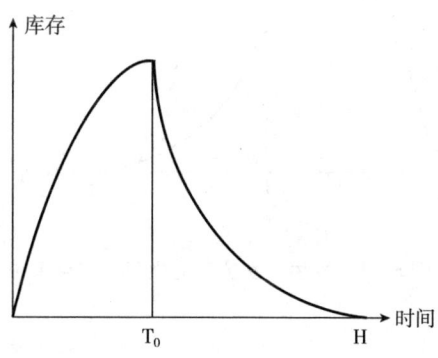

图 5-2 不发生突变时的生产—库存系统

库存系统状态方程由如下微分方程组表示（Ghare 和 Schrader，1963）：

$$\begin{cases} \dfrac{dI_1(t)}{dt} + \theta I_1(t) = P - d, & 0 < t \leq T_0 \\ \dfrac{dI_2(t)}{dt} + \theta I_2(t) = -d, & T_0 < t \leq H \end{cases} \quad (5-1)$$

其中，$I_1(t)$ 表示生产阶段的库存水平，$I_2(t)$ 是生产完成后的库存水平。由边界条件 $I_1(0)=0$，$I_2(H)=0$，$I_1(T_0)=I_2(T_0)$ 解得原计划生产时间：

$$T_0 = \dfrac{1}{\theta} \ln \dfrac{P - d + de^{\theta H}}{P} \quad (5-2)$$

第一次突变发生之后，生产商快速应对，立即对原有的生产库存计划进行调整，得到新的生产时间。为了降低购买成本，生产商选择延长生产时间来应对增加的需求或者降低的生产率；当需求率降低或者生产率增大时，生产商缩短生产时间以降低周期末剩余库存，发生一次突变的生产—库存系统如图 5-3 所示。

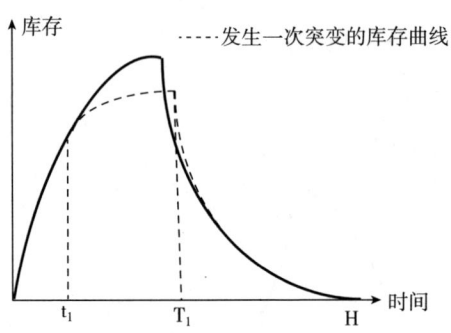

图 5-3 发生一次突变的生产—库存系统

库存系统状态方程为：

$$\begin{cases} \dfrac{dI_1(t)}{dt} + \theta I_1(t) = P - d, & 0 < t \leq t_1 \\ \dfrac{dI_2(t)}{dt} + \theta I_2(t) = P - d + \Delta_1, & t_1 < t \leq T_1 \\ \dfrac{dI_3(t)}{dt} + \theta I_3(t) = -d + w\Delta_1, & T_1 < t \leq H \end{cases} \quad (5-3)$$

根据边界条件 $I_1(0) = 0$, $I_1(t_1) = I_2(t_1)$, $I_3(H) = 0$, 计算得出 $I_1(t)$, $I_2(t)$ 及 $I_3(t)$ 的表达式, 若 $I_i(t) > 0$, $t \in (0, H)$, 则周期内不需要补货。由于 $I_i(t)(i=1, 2, 3)$ 是单调连续函数, 当 $I_2(H) < 0$, 即 $\Delta_1(e^{\theta H} - e^{\theta t_1}) > C$ 时, 库存零点在 H 之前; 当 $I_2(H) > 0$, 即 $\Delta_1(e^{\theta H} - e^{\theta t_1}) < C$ 时, H 之前没有库存零点。

由 $I_3(T_1) = I_2(T_1)$ 得:

$$T_1 = \frac{1}{\theta} \ln \frac{e^{\theta H}(d - w\Delta_1) + \Delta_1 e^{\theta t_1} + P - d}{P + \Delta_1 - w\Delta_1}$$

假设第一次突变发生之后, 生产商需要进行外部补货, 则 $I_2(H) \leq 0$, 即 $\Delta_1(e^{\theta H} - e^{\theta t_1}) \geq C$, $t_1 < T_1$。如果补货发生在生产完成之前, 那么生产商将生产时间延长到周期末。如果第一次突变发生在生产完成之后, 生产商不能对生产计划进行调整, 必须进行外部补货以满足增加的需求, 则第一次突变发生后的生产时间表示如下:

$$T_1 = \begin{cases} H & \Delta_1(e^{\theta H} - e^{\theta t_1}) \geq C, \ t_1 < T_0 \\ \dfrac{1}{\theta} \ln \dfrac{e^{\theta H}(d - w\Delta_1) + \Delta_1 e^{\theta t_1} + P - d}{P + \Delta_1 - w\Delta_1} & \Delta_1(e^{\theta H} - e^{\theta t_1}) < C, \ t_1 < T_0 \quad (5-4) \\ T_0 & t_1 \geq T_0 \end{cases}$$

5.4 生产和需求都发生突变下的生产库存决策

突发事件不可避免地扰动市场需求和生产线。制订最优策略调整生产计划以满足市场需求，降低库存成本对生产商至关重要。

本节的主要内容是根据突变强度和突变时间的取值范围不同，分情形讨论在生产率和需求率都发生突变时，生产商应该采取怎样的生产库存策略。第二次突变是否发生在生产完成之前对系统产生重大影响，因此本节分别讨论最优生产策略和购买策略。

5.4.1 第二次突变发生在生产完成之前（$t_2 < T_1$）

当 $t_2 < T_1$ 时，根据突变强度和突变时间的不同，分四种情况进行讨论：

（i）当 $\Delta_1 < 0$，$\Delta_2 < 0$ 时，t_1 时刻之后库存的上升速度降低 Δ_1 或者库存降低，同样地，t_2 时刻之后库存的上升速度降低 Δ_2 或者库存降低的速度增加 Δ_2。

（ii）当 $\Delta_1 < 0$，$\Delta_2 > 0$ 时，t_1 时刻之后库存的上升速度降低 Δ_1 或者库存降低，同样地，t_2 时刻之后库存的上升速度增加 Δ_2 或者库存降低的速度减少 Δ_2。

（iii）当 $\Delta_1 > 0$，$\Delta_2 < 0$ 时，t_1 时刻之后库存的上升速度增加 Δ_1，同样地，t_2 时刻之后库存的上升速度降低 Δ_2 或者库存降低。

（iv）当 $\Delta_1 > 0$，$\Delta_2 > 0$ 时，t_1 时刻之后库存的上升速度增加 Δ_1，同样地，t_2 时刻之后库存的上升速度增加 Δ_2。

$\Delta_1 < 0$, $\Delta_2 < 0$ 等价于 $\Delta P < 0$, $\Delta d > 0$, $t_1 = t_P$ 或 $\Delta P < 0$, $\Delta d > 0$, $t_1 = t_d$。

若 $\Delta P < 0$, $\Delta d > 0$, $t_1 = t_P$, 只讨论生产率突变发生在生产完成之前的情形。某个时刻生产率突然减小，库存增加的速度降低，或者以该时刻为转折点库存开始降低，随后需求率增大，生产商通过调整生产时间能满足顾客需求率时，不考虑补货，否则必须通过外部补货来满足顾客需求率。

若 $\Delta P < 0$, $\Delta d > 0$, $t_1 = t_d$, 第二次突变是生产率突变，那么两次突变都发生在生产完成之前，某个时刻需求率突然增大，库存增加的速度降低，或者以该时刻为转折点库存开始降低，随后生产率降低，生产商通过调整生产时间能满足顾客需求率时不考虑补货，否则必须通过外部补货来满足顾客需求率。

生产商通过调整生产时间无法满足顾客需求时，进行外部补货。如果生产商只进行一次补货，那么补货时间应该在第二次突变之后，即 $t_r \in (t_2, H)$。如果补货发生在第一次突变之后第二次突变之前，即 $t_r \in (t_1, t_2)$, 生产时间延长至周期末，t_2 时刻之后库存的上升速度降低 Δ_2 或者库存降低的速度增加 Δ_2，那么周期内会再次出现库存零点，生产商需要进行第二次补货。$\Delta_1 < 0$, $\Delta_2 < 0$ 并且 $t_2 < T_1$ 时，不同情形下的最优生产库存策略由定理5.1给出。

定理 5.1 当 $\Delta_1 < 0$, $\Delta_2 < 0$ 并且 $t_2 < T_1$ 时，得到以下结论。

（i）当 $\Delta_2 < 0$, $\rho(t_2) < \Delta_1 (e^{\theta t_2} - e^{\theta t_1}) < 0$, $\sum_{i=1}^{2} \Delta_i (e^{\theta H} - e^{\theta t_i}) \geq C$ 时，调整生产时间即可满足市场需求率，生产时间为：

$$T_2 = \frac{1}{\theta} \ln \frac{(d + \Delta d) e^{\theta H} + P - d + \Delta P e^{\theta t_P} - \Delta d e^{\theta t_d}}{P + \Delta P} \tag{5-5}$$

（ii）当 $\Delta_1 (e^{\theta t_2} - e^{\theta t_1}) > \rho(t_2)$, $\sum_{i=1}^{2} \Delta_i (e^{\theta H} - e^{\theta t_i}) < C$ 时，生产时间延长至周期末，生产完成之后需要进行一次补货，即 $t_r \in (t_2, H)$。则生产时间、补货时间、补货量分别为：

$$T_2 = H \tag{5-6}$$

$$t_r = \frac{1}{\theta} \ln \frac{d - P - \Delta P e^{\theta t_P} + \Delta d e^{\theta t_d}}{d + \Delta d - (P + \Delta P)} \tag{5-7}$$

$$Q_{t_r} = \frac{P + \Delta P - (d + \Delta d)}{\theta} \left(1 - e^{\theta H} \frac{d + \Delta d - (P + \Delta P)}{d - P - \Delta P e^{\theta t_P} + \Delta d e^{\theta t_d}}\right) \tag{5-8}$$

(iii) 当 $\Delta_1 (e^{\theta t_2} - e^{\theta t_1}) \leqslant \rho (t_2) < 0$，生产时间延长至 H，进行两次补货并且 $t_{r1} \in (t_1, t_2)$，$t_{r2} \in (t_2, H)$。则两次补货时间和补货量分别为：

$$t_{r1} = \frac{1}{\theta} \ln \frac{P - d + \Delta_1 e^{\theta t_1}}{P - d + \Delta_1} \tag{5-9}$$

$$Q_{t_{r1}} = \frac{P - d + \Delta_1}{\theta} \left[1 - e^{\theta H} \frac{P - d + \Delta_1}{\Delta_1 e^{\theta t_1} + P - d}\right] \tag{5-10}$$

$$t_{r2} = \frac{1}{\theta} \ln \frac{(P - d + \Delta_1) e^{\theta H} + \Delta_2 e^{\theta t_2}}{P - d + \Delta_1 + \Delta_2} \tag{5-11}$$

$$Q_{t_{r2}} = \frac{P - d + \Delta_1 + \Delta_2}{\theta} \left[1 - e^{\theta H} \frac{P - d + \Delta_1 + \Delta_2}{(P - d + \Delta_1) e^{\theta H} + \Delta_2 e^{\theta t_2}}\right] \tag{5-12}$$

证明：（i）库存变化曲线如图 5-4 所示。

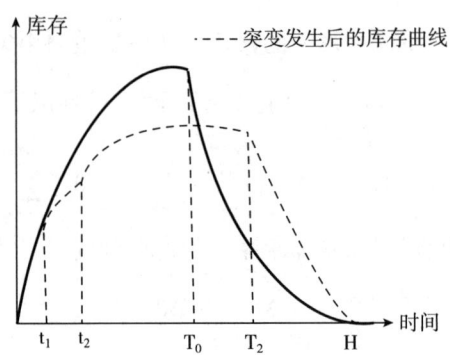

图 5-4　$\Delta_1 < 0$，$\Delta_2 > 0$，$t_2 < T_1$ 无补货时的库存变化曲线

库存系统状态方程为：

$$\begin{cases} \dfrac{dI_1(t)}{dt} + \theta I_1(t) = P - d, & 0 < t \leq t_1 \\[4pt] \dfrac{dI_2(t)}{dt} + \theta I_2(t) = P - d + \Delta_1, & t_1 < t \leq t_2 \\[4pt] \dfrac{dI_3(t)}{dt} + \theta I_3(t) = P - d + \Delta_1 + \Delta_2, & t_2 < t \leq T_2 \\[4pt] \dfrac{dI_4(t)}{dt} + \theta I_4(t) = -(d + \Delta d), & T_2 < t \leq H \end{cases} \quad (5-13)$$

当 $\Delta_1(e^{\theta t_2} - e^{\theta t_1}) > \rho(t_2)$, $\sum\limits_{i=1}^{2} \Delta_i(e^{\theta H} - e^{\theta t_i}) \geq C$ 时,$I_2(t_2) > 0$,$I_3(T_2) > 0$。根据边界条件 $I_1(0) = 0$,$I_1(t_1) = I_2(t_1)$,$I_2(t_2) = I_3(t_2)$,$I_4(H) = 0$,解出 $I_1(t)$,$I_2(t)$,$I_3(t)$,$I_4(t)$。进一步根据 $I_3(T_2) = I_4(T_2)$ 解出:

$$T_2 = \dfrac{1}{\theta} \ln \dfrac{(d+\Delta d)e^{\theta H} + P - d + \Delta P e^{\theta t_P} - \Delta d e^{\theta t_d}}{P + \Delta P} \quad (5-14)$$

(ⅱ)库存变化曲线如图 5-5 所示。

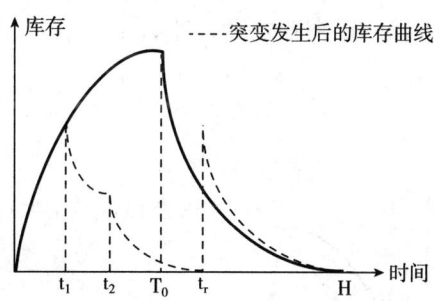

图 5-5　$\Delta_1 < 0$,$\Delta_2 > 0$,$t_2 < T_1$ 一次补货时的库存变化曲线

库存系统状态方程为:

$$\begin{cases} \dfrac{dI_1(t)}{dt} + \theta I_1(t) = P - d, & 0 < t \leq t_1 \\ \dfrac{dI_2(t)}{dt} + \theta I_2(t) = P - d + \Delta_1, & t_1 < t \leq t_2 \\ \dfrac{dI_3(t)}{dt} + \theta I_3(t) = P - d + \Delta_1 + \Delta_2, & t_2 < t \leq t_r \end{cases} \quad (5-15)$$

当 $\Delta_1(e^{\theta t_2} - e^{\theta t_1}) > \rho(t_2)$，$\sum\limits_{i=1}^{2}\Delta_i(e^{\theta H} - e^{\theta t_i}) \leq C$ 时，$I_2(t_2) > 0$，$I_3(H) < 0$。由边界条件 $I_1(0) = 0$，$I_1(t_1) = I_2(t_1)$，$I_2(t_2) = I_3(t_2)$，$I_4(H) = 0$ 解出 $I_1(t)$，$I_2(t)$，$I_3(t)$，$I_4(t)$。进一步根据 $I_3(t_r) = 0$ 解出：

$$t_r = \frac{1}{\theta}\ln\frac{d - P - \Delta P e^{\theta t_P} + \Delta d e^{\theta t_d}}{d + \Delta d - (P + \Delta P)} \quad (5-16)$$

$$Q_{t_r} = I_4(t_r) = \frac{P + \Delta P - (d + \Delta d)}{\theta}\left(1 - e^{\theta H}\frac{d + \Delta d - (P + \Delta P)}{d - P - \Delta P e^{\theta t_P} + \Delta d e^{\theta t_d}}\right) \quad (5-17)$$

（ⅲ）根据假设，由于高昂的订货成本，每次突变后最多进行一次补货。因此，如果生产商不得不进行两次补货，则第一次补货发生在第二次突变之前，第二次补货发生在第二次突变之后，即 $t_{r1} \in [t_1, t_2]$，$t_{r2} \in [t_2, H]$。库存变化曲线如图 5-6 所示。

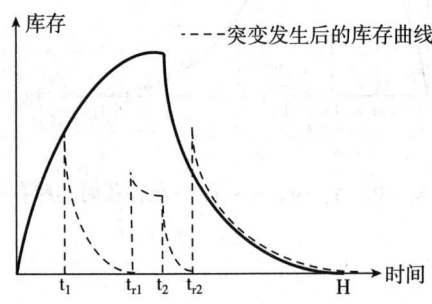

图 5-6 $\Delta_1 < 0$，$\Delta_2 > 0$，$t_2 < T_1$，$t_r \in [t_2, H]$ 两次补货时的库存变化曲线

库存系统状态方程为:

$$\begin{cases} \dfrac{dI_1(t)}{dt} + \theta I_1(t) = P - d, & 0 < t \leq t_1 \\[4pt] \dfrac{dI_2(t)}{dt} + \theta I_2(t) = P - d + \Delta_1, & t_1 < t \leq t_{r1} \\[4pt] \dfrac{dI_3(t)}{dt} + \theta I_3(t) = P - d + \Delta_1, & t_{r1} < t \leq t_2 \\[4pt] \dfrac{dI_4(t)}{dt} + \theta I_4(t) = P - d + \Delta_1 + \Delta_2, & t_2 < t \leq t_{r2} \\[4pt] \dfrac{dI_5(t)}{dt} + \theta I_5(t) = P - d + \Delta_1 + \Delta_2, & t_{r2} < t \leq H \end{cases} \quad (5-18)$$

当 $\Delta_1(e^{\theta t_2} - e^{\theta t_1}) < \rho(t_2)$ 时,$I_2(t_2) < 0$。根据边界条件 $I_1(0) = 0$,$I_1(t_1) = I_2(t_1)$,$I_3(H) = 0$,$I_4(t_2) = I_3(t_2)$,$I_5(H) = 0$ 解出 $I_1(t)$,$I_2(t)$,$I_3(t)$,$I_4(t)$,$I_5(t)$。进一步根据 $I_2(t_{r1}) = 0$,$I_4(t_{r2}) = 0$ 解出:

$$t_{r1} = \frac{1}{\theta} \ln \frac{P - d + \Delta_1 e^{\theta t_1}}{P - d + \Delta_1} \quad (5-19)$$

$$Q_{r1} = I_3(t_{r1}) = \frac{P - d + \Delta_1}{\theta} \left[1 - e^{\theta H} \frac{P - d + \Delta_1}{\Delta_1 e^{\theta t_1} + P - d} \right] \quad (5-20)$$

$$t_{r2} = \frac{1}{\theta} \ln \frac{(P - d + \Delta_1) e^{\theta H} + \Delta_2 e^{\theta t_2}}{P - d + \Delta_1 + \Delta_2} \quad (5-21)$$

$$Q_{r2} = I_5(t_{r2}) = \frac{P - d + \Delta_1 + \Delta_2}{\theta} \left[1 - e^{\theta H} \frac{P - d + \Delta_1 + \Delta_2}{(P - d + \Delta_1) e^{\theta H} + \Delta_2 e^{\theta t_2}} \right] \quad (5-22)$$

证毕。

$\Delta_1 < 0$,$\Delta_2 > 0$ 等价于 $\Delta d > 0$,$\Delta P > 0$,$t_1 = t_d$ 或 $\Delta d < 0$,$\Delta P < 0$,$t_1 = t_P$。

若 $\Delta d > 0$,$\Delta P > 0$,$t_1 = t_d$,先发生需求率突变,一段时间后再发生生产率突变,只讨论生产率突变发生在生产完成之前的情形。需求率先发生向上的阶跃,库存增加的速度减小或者以突变点为转折开始下降,随后生产率也增大,生产商通过调整生产时间能满足市场需求率时,不考虑订货,调整生产时间不能满足市场需求率时,需要向外部供应商订货。

若 $\Delta d < 0$,$\Delta P < 0$,$t_1 = t_P$,第二次突变是需求率突变,那么与上一种情况不同的是需求率突变有可能发生在生产完成之后,此时周期末库存会有剩余,下面分情况讨论。

定理 5.2 当 $\Delta_1 < 0$,$\Delta_2 > 0$ 并且 $t_2 < T_1$ 时,得到以下结论:

(i) 当 $\rho(t_2) < \Delta_1(e^{\theta t_2} - e^{\theta t_1}) < 0$,$\sum_{i=1}^{2} \Delta_i(e^{\theta H} - e^{\theta t_i}) \geq C$ 时,调整生产时间即可满足市场需求率,生产时间为:

$$T_2 = \frac{1}{\theta} \ln \frac{e^{\theta H}(d + \Delta d) + \Delta P e^{\theta t_P} - \Delta d e^{\theta t_d} + P - d}{P + \Delta P} \qquad (5-23)$$

(ii) 当 $\rho(t_2) < \Delta_1(e^{\theta t_2} - e^{\theta t_1}) < 0$,$\sum_{i=1}^{2} \Delta_i(e^{\theta H} - e^{\theta t_i}) < C$ 时,生产时间延长至 H 并且第二次突变后进行一次补货,即 $t_r \in [t_2, H]$。则补货时间、补货量分别为:

$$t_r = \frac{1}{\theta} \ln \frac{P - d - \Delta d e^{\theta t_d} + \Delta P e^{\theta t_P}}{(P + \Delta P) - (d + \Delta d)} \qquad (5-24)$$

$$Q_r = \frac{P - d + \Delta P - \Delta d}{\theta} \left(1 - \frac{P - d + \Delta P - \Delta d}{P - d + \Delta P e^{\theta t_P} - \Delta d e^{\theta t_d}} e^{\theta H}\right) \qquad (5-25)$$

(iii) 当 $\rho(t_2) \geq \Delta_1(e^{\theta t_2} - e^{\theta t_1})$,$(P + \Delta d + \Delta_1)e^{\theta H} < (P + \Delta d - \Delta_1)e^{\theta t_2}$ 时,第二次突变发生后立即停止生产,两次突变之间进行一次补货,即 $t_r \in [t_1, t_2]$,周期末有剩余库存。则剩余库存、补货时间、补货量分别为:

$$Q_H = -\frac{P + \Delta d + \Delta_1}{\theta} + \frac{P - \Delta_1 + \Delta d}{\theta} e^{\theta(t_2 - H)} \qquad (5-26)$$

$$t_r = \frac{1}{\theta} \ln \frac{P - d + \Delta_1 e^{\theta t_1}}{P - d + \Delta_1} \qquad (5-27)$$

$$Q_r = \frac{P - d + \Delta_1}{\theta} \left[1 - e^{\theta H} \frac{P - d + \Delta_1}{P - d + \Delta_1 e^{\theta t_1}}\right] \qquad (5-28)$$

（iv）当 $\rho(t_2) \geq \Delta_1 (e^{\theta t_2} - e^{\theta t_1})$，$(P + \Delta d + \Delta_1) e^{\theta H} \geq (P + \Delta d - \Delta_1) e^{\theta t_2}$ 时，两次突变之间进行一次补货，即 $t_r \in [t_1, t_2]$。则生产时间、补货时间、补货量分别为：

$$T_2 = \frac{1}{\theta} \ln \frac{\Delta_2 e^{\theta t_2} + (P + \Delta_1 + \Delta d) e^{\theta H}}{P + \Delta P} \tag{5-29}$$

$$t_r = \frac{1}{\theta} \ln \frac{P - d + \Delta_1 e^{\theta t_1}}{P - d + \Delta_1} \tag{5-30}$$

$$Q_r = \frac{P - d + \Delta_1}{\theta} \left[1 - e^{\theta H} \frac{P - d + \Delta_1}{P - d + \Delta_1 e^{\theta t_1}} \right] \tag{5-31}$$

证明：（i）生产商仅通过调整生产时间就能满足市场需求时的库存变化曲线如图 5-7 所示。

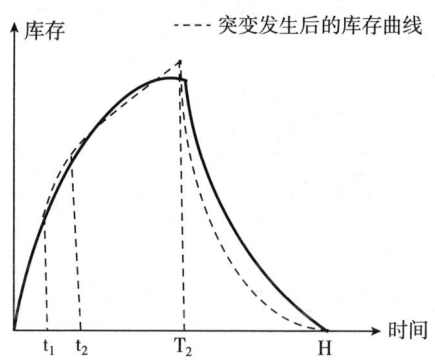

图 5-7　$\Delta_1 < 0$，$\Delta_2 > 0$，$t_2 < T_1$ 无补货时的库存变化曲线

库存系统状态方程为：

$$\begin{cases} \dfrac{dI_1(t)}{dt} + \theta I_1(t) = P - d, & 0 < t \leq t_P \\[6pt] \dfrac{dI_2(t)}{dt} + \theta I_2(t) = P - d + \Delta_1, & t_1 < t \leq t_2 \\[6pt] \dfrac{dI_3(t)}{dt} + \theta I_3(t) = P - d + \Delta_1 + \Delta_2, & t_2 < t \leq T_2 \\[6pt] \dfrac{dI_4(t)}{dt} + \theta I_4(t) = -(d + \Delta d), & T_2 < t \leq H \end{cases} \tag{5-32}$$

根据边界条件 $I_1(0)=0$，$I_1(t_1)=I_2(t_1)$，$I_3(t_2)=I_2(t_2)$，$I_4(H)=0$，解出 $I_i(t)(i=1,2,3,4)$。由于 $I_i(t)(i=1,2,3,4)$ 是连续函数，函数在端点处取值非负，那么 $I_i(t)>0$。当 $\rho(t_2)<\Delta_1(e^{\theta t_2}-e^{\theta t_1})$，$\sum_{i=1}^{2}\Delta_i(e^{\theta H}-e^{\theta t_i})\geqslant C$ 时，$I_2(t_2)>0$，$I_3(T_2)\geqslant 0$。

由 $I_3(T_2)=I_4(T_2)$ 解得：

$$T_2=\frac{1}{\theta}\ln\frac{e^{\theta H}(d+\Delta d)+\Delta P e^{\theta t_P}-\Delta d e^{\theta t_d}+P-d}{P+\Delta P} \qquad (5-33)$$

（ⅱ）假设不需要补货，那么两次突变之间的库存曲线由如下微分方程表示：

$$\frac{dI_2(t)}{dt}+\theta I_2(t)=P-d+\Delta_1,\ t_1<t\leqslant t_2 \qquad (5-34)$$

由 $I_1(t_1)=I_2(t_1)$，得：

$$I_2(t)=\frac{P-d+\Delta_1}{\theta}+\left(\frac{d-P}{\theta}-\frac{\Delta_1}{\theta}e^{\theta t_1}\right)e^{-\theta t} \qquad (5-35)$$

当 $\rho(t_2)<\Delta_1(e^{\theta t_2}-e^{\theta t_1})<0$，$\sum_{i=1}^{2}\Delta_i(e^{\theta H}-e^{\theta t_i})<C$ 时，$I_2(t_2)>0$，$I_3(H)<0$，并且 $t_r\in[t_2,H]$，库存变化曲线如图 5-8 所示。

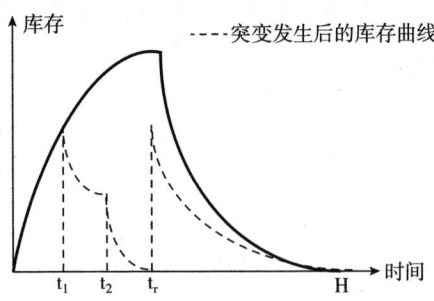

图 5-8 $\Delta_1<0$，$\Delta_2>0$，$t_2<T_1$，$t_r\in[t_2,H]$ 一次补货时的库存变化曲线

库存系统状态方程为:

$$\begin{cases} \dfrac{dI_3(t)}{dt} + \theta I_3(t) = P - d + \Delta_2 + \Delta_1, & t_2 < t \leq t_r \\ \dfrac{dI_4(t)}{dt} + \theta I_4(t) = P - d + \Delta_1 + \Delta_2, & t_r < t \leq H \end{cases} \quad (5-36)$$

根据边界条件 $I_3(t_P) = I_2(t_P)$,$I_4(H) = 0$,$I_3(t_r) = 0$ 解得:

$$t_r = \frac{1}{\theta} \ln \frac{P - d + \Delta_1 e^{\theta t_1} + \Delta_2 e^{\theta t_2}}{P - d + \Delta_1 + \Delta_2} \quad (5-37)$$

$$Q_{t_r} = I_4(t_r) = \frac{P - d + \Delta_1 + \Delta_2}{\theta} \left(1 - \frac{P - d + \Delta_1 + \Delta_2}{P - d + \Delta_1 e^{\theta t_1} + \Delta_2 e^{\theta t_2}} e^{\theta H}\right) \quad (5-38)$$

所以生产商应该延长生产时间至 H,并且在 t_r 时刻从外部订货 $I_4(t_r)$。

(iii) 假设生产时间等于 t_2 并且周期末有剩余库存,则库存变化曲线如图 5-9 所示。

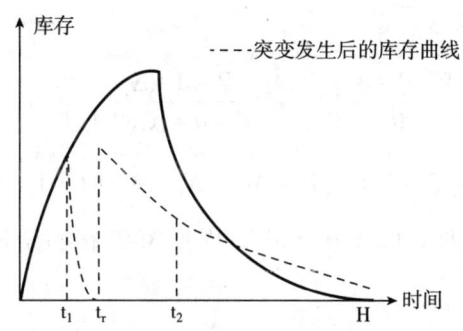

图 5-9 $\Delta_1 < 0$,$\Delta_2 > 0$,$t_2 < T_1$,$t_r \in [t_1, t_2]$,$Q_H > 0$ 一次补货时的库存变化曲线

库存系统状态方程为:

$$\begin{cases} \dfrac{dI_1(t)}{dt} + \theta I_1(t) = P - d, & 0 < t \leq t_1 \\ \dfrac{dI_2(t)}{dt} + \theta I_2(t) = P - d + \Delta_1, & t_1 < t \leq t_r \\ \dfrac{dI_3(t)}{dt} + \theta I_3(t) = P - d + \Delta_1, & t_r < t \leq t_2 \\ \dfrac{dI_4(t)}{dt} + \theta I_4(t) = -(d + \Delta d), & t_2 < t \leq H \end{cases} \quad (5-39)$$

由 $I_1(t_1) = I_2(t_1)$，$I_3(H) = 0$，$I_4(t_2) = I_3(t_2)$ 解得：

$$I_3(t) = \frac{P - d + \Delta_1}{\theta}[1 - e^{\theta(H-t)}] \quad (5-40)$$

$$I_4(t) = -\frac{d + \Delta d}{\theta} + \left[\frac{P - \Delta_1 + \Delta d}{\theta}e^{\theta t_2} - \frac{P - d + \Delta_1}{\theta}e^{\theta H}\right]e^{-\theta t} \quad (5-41)$$

另外，由 $I_2(t_r) = 0$ 得：

$$t_r = \frac{1}{\theta}\ln\frac{P - d + \Delta_1 e^{\theta t_1}}{P - d + \Delta_1} \quad (5-42)$$

$$Q(t_r) = I_3(t_r) = \frac{P - d + \Delta_1}{\theta}\left[1 - e^{\theta H}\frac{P - d + \Delta_1}{P - d + \Delta_1 e^{\theta t_1}}\right] \quad (5-43)$$

当 $(P + \Delta d + \Delta_1)e^{\theta H} < (P + \Delta d - \Delta_1)e^{\theta t_2}$ 时，$I_4(H) > 0$。当第二次突变发生时，生产商立即停止生产，周期末仍有剩余库存产生，剩余库存为：

$$Q_H = I_4(H) = -\frac{P + \Delta d + \Delta_1}{\theta} + \frac{P - \Delta_1 + \Delta d}{\theta}e^{\theta(t_2 - H)} \quad (5-44)$$

（iv）假设生产时间不等于 t_2，那么当 $t_r \in [t_1, t_2]$ 时，周期内会出现缺货。库存变化曲线如图 5-10 所示。

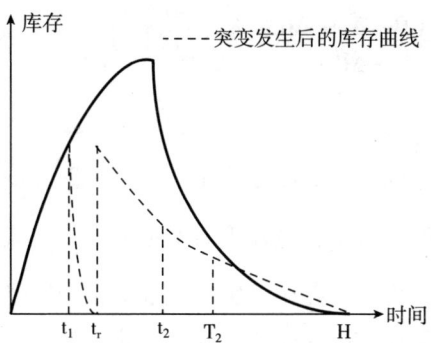

图 5-10　$\Delta_1 < 0$，$\Delta_2 > 0$，$t_2 < T_1$，$t_r \in [t_1, t_2]$，$Q_H = 0$
一次补货时的库存变化曲线

库存系统状态方程为：

$$\begin{cases} \dfrac{dI_1(t)}{dt} + \theta I_1(t) = P - d, & 0 < t \leq t_1 \\[4pt] \dfrac{dI_2(t)}{dt} + \theta I_2(t) = P - d + \Delta_1, & t_1 < t \leq t_r \\[4pt] \dfrac{dI_3(t)}{dt} + \theta I_3(t) = P - d + \Delta_1, & t_r < t \leq t_2 \\[4pt] \dfrac{dI_4(t)}{dt} + \theta I_4(t) = P - d + \Delta_1 + \Delta_2, & t_2 < t \leq T_2 \\[4pt] \dfrac{dI_5(t)}{dt} + \theta I_5(t) = -d - \Delta d, & T_2 < t \leq H \end{cases} \quad (5-45)$$

由 $I_1(t_1) = I_2(t_1)$，$I_3(H) = 0$，$I_4(t_2) = I_3(t_2)$，$I_5(H) = 0$，$I_2(t_r) = 0$ 以及 $I_4(T_2) = I_5(T_2)$，解得：

$$t_r = \frac{1}{\theta} \ln \frac{P - d + \Delta_1 e^{\theta t_1}}{P - d + \Delta_1} \tag{5-46}$$

$$Q(t_r) = I_3(t_r) = \frac{P - d + \Delta_1}{\theta} \left[1 - e^{\theta H} \frac{P - d + \Delta_1}{P - d + \Delta_1 e^{\theta t_1}} \right] \tag{5-47}$$

$$T_2 = \frac{1}{\theta}\ln\frac{\Delta_2 e^{\theta t_2}+(P+\Delta_1+\Delta d)e^{\theta H}}{P+\Delta P} \qquad (5-48)$$

证毕。

$\Delta_1>0$，$\Delta_2<0$ 等价于 $\Delta d<0$，$\Delta P<0$，$t_1=t_d$ 或 $\Delta d>0$，$\Delta P>0$，$t_1=t_P$。

若 $\Delta d<0$，$\Delta P<0$，$t_1=t_d$，先发生需求率突变，一段时间后再发生生产率突变，只讨论生产率突变发生在生产完成之前的情形。需求率先发生向下的阶跃，库存增加的速度增大，随后生产率降低，生产商通过调整生产时间能满足市场需求率时，不考虑订货，调整生产时间不能满足市场需求率时，需要向外部供应商订货。

若 $\Delta d>0$，$\Delta P>0$，$t_1=t_P$，第二次突变是需求率突变，那么与上一种情况不同的是需求率突变有可能发生在生产完成之后，需求率增大，此时为了满足顾客需求率必须从外部供应商处补货，下面分情况讨论。

定理5.3 当 $\Delta_1>0$，$\Delta_2<0$，$t_2<T_1$ 时，得到如下结论。

（i）当 $\sum_{i=1}^{2}\Delta_i(e^{\theta H}-e^{\theta t_i})\geqslant C$，仅调整生产时间即可满足市场需求，则生产时间为：

$$T_2=\frac{1}{\theta}\ln\frac{(d+\Delta d)e^{\theta H}+\Delta Pe^{\theta t_P}-\Delta de^{\theta t_d}+P-d}{P+\Delta P} \qquad (5-49)$$

（ii）当 $\sum_{i=1}^{2}\Delta_i(e^{\theta H}-e^{\theta t_i})<C$，生产时间延长至 H。则补货时间和补货量分别为：

$$t_r=\frac{1}{\theta}\ln\frac{\Delta Pe^{\theta t_P}-(d-P)-\Delta de^{\theta t_d}}{P+\Delta P-(d+\Delta d)} \qquad (5-50)$$

$$Q_r=\frac{P+\Delta P-(d+\Delta d)}{\theta}\left(1-e^{\theta H}\frac{P+\Delta P-(d+\Delta d)}{\Delta Pe^{\theta t_P}-(d-P)-\Delta de^{\theta t_d}}\right) \qquad (5-51)$$

证明：（i）假设周期内不需要补货，则库存变化曲线如图 5-11 所示。

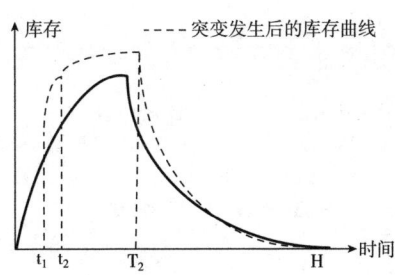

图 5-11 $\Delta_1 > 0$，$\Delta_2 < 0$，$t_2 \leqslant T_2$ 无补货时的库存变化曲线

库存系统状态方程为：

$$\begin{cases} \dfrac{dI_2(t)}{dt} + \theta I_2(t) = P + \Delta_1 - d, & t_1 < t \leqslant t_2 \\[2mm] \dfrac{dI_3(t)}{dt} + \theta I_3(t) = P - d + \Delta_1 + \Delta_2, & t_2 < t \leqslant T_2 \\[2mm] \dfrac{dI_4(t)}{dt} + \theta I_4(t) = -(d + \Delta d), & T_2 < t \leqslant H \end{cases} \quad (5-52)$$

由 $I_1(t_1) = I_2(t_1)$，$I_3(t_2) = I_2(t_2)$，$I_4(H) = 0$ 解得：

$$T_2 = \dfrac{1}{\theta} \ln \dfrac{(d + \Delta d)e^{\theta H} + \Delta P e^{\theta t_P} + \Delta d e^{\theta t_d} + P - d}{P + \Delta P} \quad (5-53)$$

由于 $I_i(t)(i = 1, 2, 3, 4)$ 是连续函数，若端点值非负，则 $I_i(t) > 0$。当 $\sum\limits_{i=1}^{2} \Delta_i (e^{\theta H} - e^{\theta t_i}) \geqslant C$ 时，$I_2(t_2) > 0$，$I_3(T_2) \geqslant 0$。

（ⅱ）假设周期内需要补货，则库存变化曲线如图 5-12 所示。

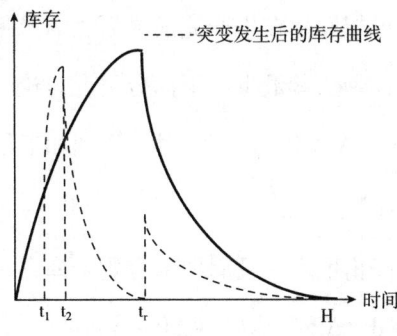

图 5-12 $\Delta_1 > 0$，$\Delta_2 < 0$，$t_2 < T_1$，$t_r \in (t_2, H)$ 一次补货时的库存变化曲线

库存系统状态方程为:

$$\begin{cases} \dfrac{dI_2(t)}{dt} + \theta I_2(t) = P - d + \Delta_1, & t_1 < t \leq t_2 \\ \dfrac{dI_3(t)}{dt} + \theta I_3(t) = P - d + \Delta_1 + \Delta_2, & t_2 < t \leq t_r \\ \dfrac{dI_4(t)}{dt} + \theta I_4(t) = P - d + \Delta_1 + \Delta_2, & t_r < t \leq H \end{cases} \quad (5-54)$$

当 $\sum_{i=1}^{2} \Delta_i (e^{\theta H} - e^{\theta t_i}) < C$,$I_3(H) < 0$,补货发生在 t_2 之后。

由 $I_3(t_2) = I_2(t_2)$,$I_4(H) = 0$,$I_3(t_r) = 0$ 解得:

$$t_r = \frac{1}{\theta} \ln \frac{P - d + \Delta_1 e^{\theta t_1} + \Delta_2 e^{\theta t_2}}{P - d + \Delta_1 + \Delta_2} \quad (5-55)$$

$$Q_{t_r} = I_4(t_r) = \frac{P - d + \Delta_1 + \Delta_2}{\theta} \left(1 - e^{\theta H} \frac{P - d + \Delta_1 + \Delta_2}{P - d + \Delta_1 e^{\theta t_1} + \Delta_2 e^{\theta t_2}}\right) \quad (5-56)$$

证毕。

$\Delta_1 > 0$,$\Delta_2 > 0$ 等价于 $\Delta d < 0$,$\Delta P > 0$,$t_1 = t_d$ 或 $\Delta d < 0$,$\Delta P > 0$,$t_1 = t_P$。

若 $\Delta d < 0$,$\Delta P > 0$,$t_1 = t_d$,只讨论生产率突变发生在生产完成之前的情形。需求率先发生向下的阶跃,库存增加的速度增大,随后生产率增大,在满足顾客需求率的前提下生产商通过调整生产时间,使周期末剩余库存最少。

若 $\Delta d < 0$,$\Delta P > 0$,$t_1 = t_P$,第二次突变是生产率突变,那么与上一种情况不同的是需求率突变有可能发生在生产完成之后,需求率降低,此时需要调整生产时间以使周期末库存剩余量最少。下面分情况讨论。

定理 5.4 当 $\Delta_1 > 0$,$\Delta_2 > 0$,$t_2 < T_1$ 时,得到如下结论。

(i) 当 $\Delta d(e^{\theta H} - e^{\theta t_2}) + \Delta_1(e^{\theta t_1} - e^{\theta t_2}) < P(e^{\theta t_2} - 1) - d(e^{\theta H} - 1)$,第二次突变发生时立即停止生产,且周期末有剩余库存,剩余库存为:

$$Q_H = -\frac{d + \Delta d}{\theta} - \frac{P - d + \Delta P e^{\theta t_P} - (P + \Delta P + \Delta d) e^{\theta t_d}}{\theta} e^{-\theta H} \quad (5-57)$$

(ⅱ) 当 $\Delta d(e^{\theta H} - e^{\theta t_2}) + \Delta_1(e^{\theta t_1} - e^{\theta t_2}) \geqslant P(e^{\theta t_2} - 1) - d(e^{\theta H} - 1)$ 时，生产时间为：

$$T_2 = \frac{1}{\theta}\ln\frac{(d+\Delta d)e^{\theta H} - d + P + \Delta Pe^{\theta t_P} - \Delta de^{\theta t_d}}{P + \Delta P} \qquad (5-58)$$

证明：（ⅰ）假设生产时间等于 t_2，则库存变化曲线如图 5-13 所示。

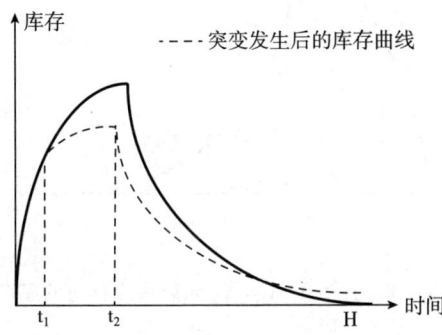

图 5-13　$\Delta_1 > 0$，$\Delta_2 > 0$，$t_2 \leqslant T_1$，$T_2 = t_2$ 有剩余库存时的库存变化曲线

库存系统状态方程为：

$$\begin{cases} \dfrac{dI_1(t)}{dt} + \theta I_1(t) = P - d, & 0 < t \leqslant t_P \\[2mm] \dfrac{dI_2(t)}{dt} + \theta I_2(t) = P - d + \Delta_1, & t_1 < t \leqslant t_2 \\[2mm] \dfrac{dI_3(t)}{dt} + \theta I_3(t) = -(d + \Delta d), & t_2 < t \leqslant H \end{cases} \qquad (5-59)$$

由 $I_1(t_1) = I_2(t_1)$，$I_2(t_2) = I_3(t_2)$ 解得：

$$I_3(t) = -\frac{d + \Delta d}{\theta} - \frac{P - d + \Delta_1 e^{\theta t_1} - (P + \Delta_1 + \Delta d)e^{\theta t_2}}{\theta}e^{-\theta t} \qquad (5-60)$$

当 $\Delta d(e^{\theta H} - e^{\theta t_2}) + \Delta_1(e^{\theta t_1} - e^{\theta t_2}) < P(e^{\theta t_2} - 1) - d(e^{\theta H} - 1)$，$I_3(H) > 0$ 时，第二次突变发生时立即停止生产。则周期末剩余库存为：

$$Q_H = I_3(H) = -\frac{d+\Delta d}{\theta} - \frac{P-d+\Delta_1 e^{\theta t_1}-(P+\Delta_1+\Delta d)e^{\theta t_2}}{\theta}e^{-\theta H} \quad (5-61)$$

（ⅱ）假设生产时间不等于 t_2，库存变化曲线如图 5-14 所示。

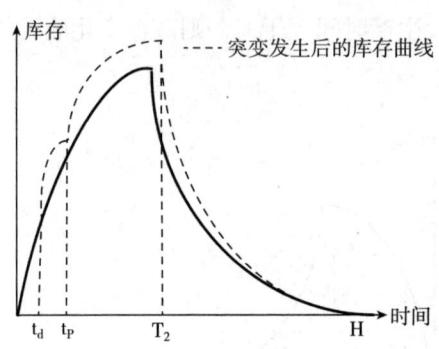

图 5-14 $\Delta_1 > 0$，$\Delta_2 > 0$，$t_2 \leq T_1$ 无剩余库存时的库存变化曲线

库存系统状态方程为：

$$\begin{cases} \dfrac{dI_2(t)}{dt} + \theta I_2(t) = P - d + \Delta_1, & t_1 < t \leq t_2 \\[4pt] \dfrac{dI_3(t)}{dt} + \theta I_3(t) = P - d + \Delta_1 + \Delta_2, & t_2 < t \leq T_2 \\[4pt] \dfrac{dI_4(t)}{dt} + \theta I_4(t) = -(d + \Delta d), & T_2 < t \leq H \end{cases} \quad (5-62)$$

由 $I_1(t_d) = I_2(t_d)$，$I_2(t_P) = I_3(t_P)$，$I_4(H) = 0$，$I_3(T_2) = I_4(T_2)$ 解得：

$$T_2 = \frac{1}{\theta}\ln\frac{(d+\Delta d)e^{\theta H}-d+P+\Delta P e^{\theta t_P}-\Delta d e^{\theta t_d}}{P+\Delta P} \quad (5-63)$$

5.4.2 第二次突变发生在生产完成之后（$t_2 \geq T_1$）

生产计划根据第一次突变进行调整，如果第二次突变之前生产商需要补货，则生产时间延长到周期末即 H。本节的前提是第二次突变发生在生产完成

之后即 $H > t_2 \geq T_1$，因此第二次突变之前未发生补货，生产时间等于根据第一次突变调整后的生产时间 T_1。

当 $\Delta_2 > 0$ 时，t_2 时刻开始后，库存减少的速度降低 Δ_2，周期末存在剩余库存。当 $\Delta_2 < 0$ 时，t_2 时刻开始后，库存减少的速度上升 Δ_2，周期内需要进行补货以满足市场需求。根据突变时间和突变强度的不同，定理 5.5 给出不同情形下的剩余库存、补货时间以及补货量。

定理 5.5 当 $t_2 \geq T_1$ 时，得到如下结论。

（ⅰ）当 $\Delta_2 > 0$ 时，周期末剩余库存为：

$$Q_H = \frac{\Delta d}{\theta} \left[e^{\theta(t_d - H)} - 1 \right] \tag{5-64}$$

（ⅱ）当 $\Delta_2 < 0$ 时，第二次突变发生之后需要进行一次补货，则补货时间、补货量分别为：

$$t_r = \frac{1}{\theta} \ln \frac{de^{\theta H} + \Delta d e^{\theta t_d}}{d + \Delta d} \tag{5-65}$$

$$Q_r = \frac{-d - \Delta d}{\theta} + \frac{(d + \Delta d)^2 e^{\theta H}}{\theta(de^{\theta H} + \Delta d e^{\theta t_d})} \tag{5-66}$$

证明：（ⅰ）库存变化曲线如图 5-15 所示。

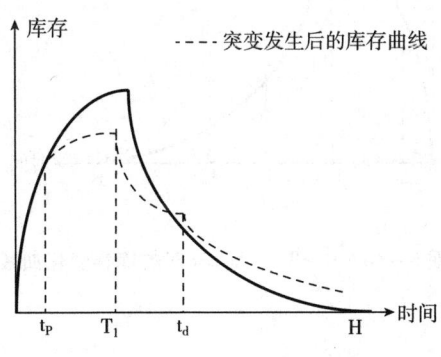

图 5-15　$t_2 \geq T_1$，$\Delta_2 < 0$ 时的库存变化曲线

库存系统状态方程为：

$$\begin{cases} \dfrac{dI_1(t)}{dt} + \theta I_1(t) = P - d, & 0 < t \leq t_P \\ \dfrac{dI_2(t)}{dt} + \theta I_2(t) = P + \Delta P - d, & t_P < t \leq T_1 \\ \dfrac{dI_3(t)}{dt} + \theta I_3(t) = -d, & T_1 < t \leq t_d \\ \dfrac{dI_4(t)}{dt} + \theta I_4(t) = -(d + \Delta d), & t_d < t \leq H \end{cases} \quad (5-67)$$

由 $I_1(0) = 0$，$I_1(t_P) = I_2(t_P)$，$I_3(H) = 0$ 和 $I_4(t_d) = I_3(t_d)$ 解得：

$$Q_H = I_4(H) = \frac{\Delta d}{\theta}\left[e^{\theta(t_d - H)} - 1\right] \quad (5-68)$$

所以生产时间是 T_1 并且周期末有剩余库存 $I_4(H)$。

（ⅱ）第二次突变发生在生产完成之后，即 $t_2 \geq T_1$，当 $\Delta_2 \geq 0$ 时，库存变化曲线如图 5-16 所示。

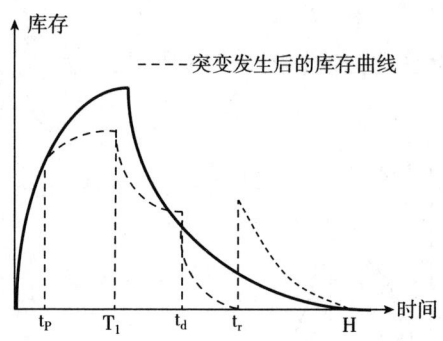

图 5-16　$t_2 \geq T_1$，$\Delta_2 \geq 0$ 时的库存变化曲线

库存系统状态方程为：

$$\begin{cases} \dfrac{dI_1(t)}{dt} + \theta I_1(t) = P - d, & 0 < t \leq t_P \\[4pt] \dfrac{dI_2(t)}{dt} + \theta I_2(t) = P - d + \Delta P, & t_1 < t \leq T_1 \\[4pt] \dfrac{dI_3(t)}{dt} + \theta I_3(t) = -d, & T_1 < t \leq t_d \\[4pt] \dfrac{dI_4(t)}{dt} + \theta I_4(t) = -(d + \Delta d), & t_2 < t \leq t_r \\[4pt] \dfrac{dI_5(t)}{dt} + \theta I_5(t) = -(d + \Delta d), & t_r < t \leq H \end{cases} \quad (5-69)$$

由 $I_1(0) = 0$,$I_1(t_1) = I_2(t_1)$,$I_3(H) = 0$,$I_5(H) = 0$,$I_2(T_1) = I_3(T_1)$,$I_4(t_r) = 0$ 解得:

$$T_2 = T_1 \qquad (5-70)$$

$$t_r = \frac{1}{\theta} \ln \frac{d e^{\theta H} + \Delta d e^{\theta t_d}}{d + \Delta d} \qquad (5-71)$$

$$Q_{t_r} = I_5(t_r) = \frac{-(d + \Delta d)}{\theta}\left(1 - e^{\theta H}\frac{d + \Delta d}{d e^{\theta H} + \Delta d e^{\theta t_d}}\right) \qquad (5-72)$$

证毕。

定理 5.5 说明需求突变对生产时间没有影响,因为在需求突变之前,生产已经完成。生产突变对周期末剩余库存、补货时间以及补货量没有影响,只有需求突变对其产生影响。

为了增加可读性,表 5-2 对上述定理进行了总结。值得注意的是,2012 年飓风"桑迪"正是生产率降低,需求率增加,即 $-P \leq \Delta P < 0$,$\Delta d > 0$ 的情况,充分说明了提出的模型能有效适用于生产实践。

表 5-2 不同情形下的生产库存决策

情形	约束条件		决策
$t_2 < T_1$	$\Delta_1 < 0$, $\Delta_2 > 0$ (定理 5.2)	A 交 B	$T_0 < T_1$, $T_2 < T_1$, $Q_H = 0$
		A 交 ¬ B	$T_2 = H$, $t_r \in [t_2, H]$, $Q_H = 0$
		¬ A 交 C	$T_2 = t_2$, $t_r \in [t_1, t_2]$, $Q_H > 0$
		¬ A 交 ¬ C	$T_2 < T_1$, $T_0 < T_1$, $t_r \in [t_1, t_2]$, $Q_H = 0$
	$\Delta_1 > 0$, $\Delta_2 < 0$ (定理 5.3)	B	$T_1 < T_2$, $T_1 < T_0$, $Q_H = 0$
		¬ B	$T_2 = H$, $t_r \in [t_2, H]$, $Q_H = 0$
	$\Delta_1 > 0$, $\Delta_2 > 0$ (定理 5.4)	D	$T_2 = t_2 < T_1 < T_0'$, $Q_H > 0$
		¬ D	$T_2 < T_1 < T_0$, $Q_H = 0$
	$\Delta_1 < 0$, $\Delta_2 < 0$ (定理 5.1)	A 交 B	$T_0 < T_1 < T_2$, $Q_H = 0$
		A 交 ¬ B	$T_2 = H$, $t_r \in [t_2, H]$, $Q_H = 0$
		¬ A	$T_2 = H$, $t_{r1} \in [t_1, t_2]$, $t_{r2} \in [t_2, H]$, $Q_H = 0$
$t_2 \geq T_1$ (定理 5.5)	$\Delta_2 > 0$		$T_2 = T_1 > T_0$, $Q_H > 0$
	$\Delta_2 < 0$		$T_2 = T_1$, $t_r \in [t_2, H]$, $Q_H = 0$

其中, ¬ A 是 A 的非。同样地, ¬ B, ¬ C 以及 ¬ D 分别是 B, C, D 的非。

A	$\rho(t_2) < \Delta_1 (e^{\theta t_2} - e^{\theta t_1})$	¬ A	$\rho(t_2) \geq \Delta_1 (e^{\theta t_2} - e^{\theta t_1})$
B	$\sum_{i=1}^{2} \Delta_i (e^{\theta H} - e^{\theta t_i}) \geq C$	¬ B	$\sum_{i=1}^{2} \Delta_i (e^{\theta H} - e^{\theta t_i}) < C$
C	$(P + \Delta d + \Delta_1) e^{\theta H} < (P + \Delta d - \Delta_1) e^{\theta t_2}$	¬ C	$(P + \Delta d + \Delta_1) e^{\theta H} \geq (P + \Delta d - \Delta_1) e^{\theta t_2}$
D	$\Delta d (e^{\theta H} - e^{\theta t_2}) + \Delta_1 (e^{\theta t_1} - e^{\theta t_2}) < P(e^{\theta t_2} - 1) - d(e^{\theta H} - 1)$		
¬ D	$\Delta d (e^{\theta H} - e^{\theta t_2}) + \Delta_1 (e^{\theta t_1} - e^{\theta t_2}) \geq P(e^{\theta t_2} - 1) - d(e^{\theta H} - 1)$		

5.5 算例仿真

下面通过数值举例对上述结果进行说明。假设突变前的生产率 $P = 400$, 需求率 $d = 300$, 销售周期 $H = 20$, 易逝品损失率 $\theta = 0.05$, 对周期内发生需求突变和供应突变的不同情形下的生产和补货计划进行仿真。

5.5.1 需求突变强度对生产库存策略的影响

假设顾客需求在时刻 6 发生突变，即 $t_d = 6$，生产突变发生在时刻 12，且生产发生向上阶跃，生产率的阶跃强度为 100，即 $t_P = 12$，$\Delta P = 100$。此时第一次突变为需求突变，第二次突变为生产突变，即 $t_1 = t_d = 6$，$t_2 = t_P = 12$，$\Delta P = 100$。生产突变发生在生产完成之前，根据 Δd 取值范围的不同分情形讨论 Δd 与生产时间 T_2、补货时间 t_r 及补货量 Q_r 之间的关系，如图 5 – 17、图 5 – 18 所示。

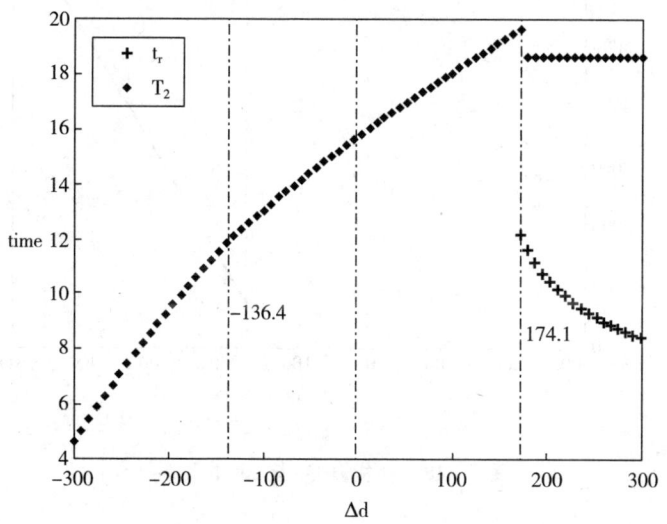

图 5 – 17 生产时间 T_2、补货时间 t_r 与 Δd 的关系

如图 5 – 17 所示，生产时间是关于 Δd 的分段函数。当 $\rho(t_2) < \Delta_1$（$e^{\theta t_2} - e^{\theta t_1}$）< 0 时，$\Delta d < 174.1$，此时第二次突变发生在生产完成之前，系统只调整生产时间就能满足顾客需求，并且生产时间随着需求率突变强度 Δd 的

增大而增大。当 $\Delta d > 174.1$ 时，系统需要进行外部补货以满足顾客需求率，补货时间随着需求率突变强度 Δd 的增加而减少，补货量随着需求率突变强度 Δd 的增大而增大，仿真结果如图 5-18 所示。此时，需求突变强度对生产时间没有影响，因为第二次突变发生在生产完成后，生产时间由生产突变的时间和强度决定。仿真结果显示，需求突变强度越大，库存降低速度越快，所以生产商需要尽快补货，保证补货时间短且补货量大，即补货时间是需求突变强度的减函数，补货量是需求突变强度的增函数。

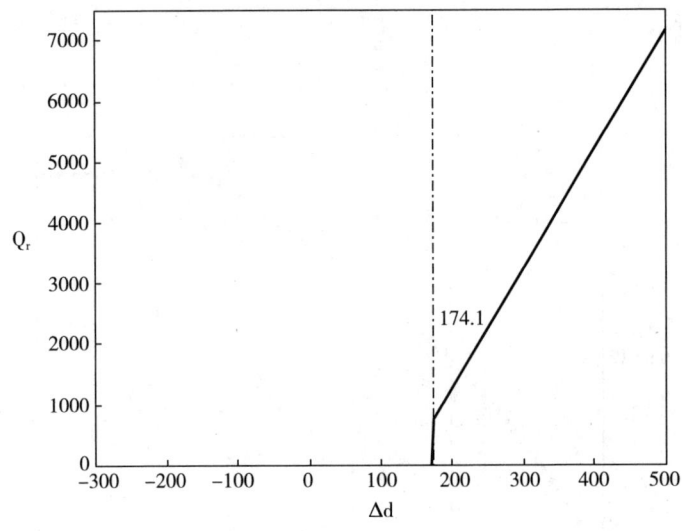

图 5-18 补货量 Q_r 与 Δd 的关系

5.5.2 需求突变时间对生产库存策略的影响

假设顾客需求在某个时刻发生突变，即 t_d 是未知的，需求发生向上阶跃且需求率阶跃强度 $\Delta d = 300$，生产突变发生在时刻 12，生产发生向上阶跃且生产率阶跃强度为 100，即 $t_p = 12$，$\Delta P = 100$。此时两次突变的先后顺序不确定，当 $t_d > 12$ 时，需求突变发生在生产突变之后，生产突变发生在第一次突变调整后的生产时间之前;当 $t_d < 12$ 时,需求突变早于生产突变发生。分情形讨论需求突变时间 t_d 与生产时间 T_2、补货时间 t_r 及补货量 Q_r 之间的关系,如图 5-19、图 5-20 所示。

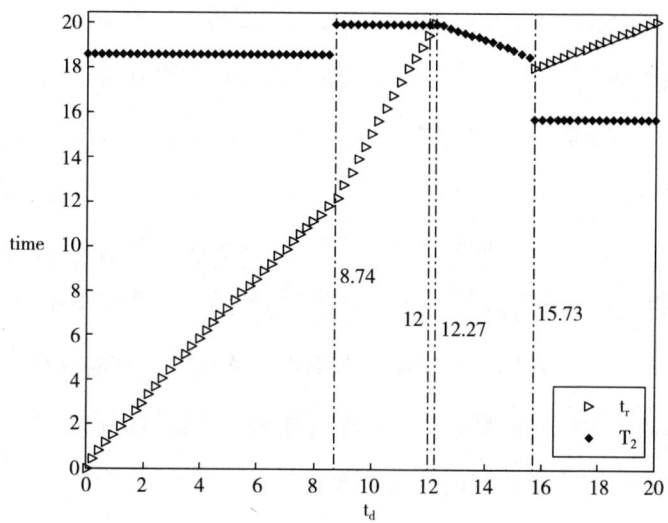

图 5-19 生产时间 T_2、补货时间 t_r 与 t_d 的关系

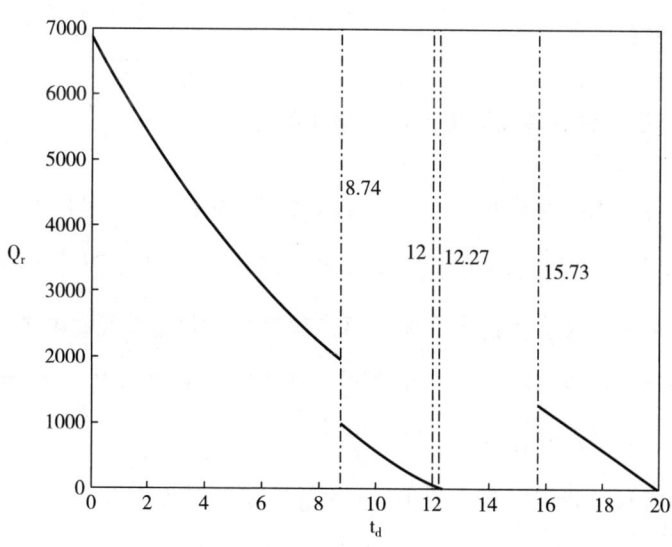

图 5-20 补货量 Q_r 与 t_d 的关系

生产时间和补货时间都是关于 t_d 的分段函数,如图 5-19 所示。补货量也是需求突变时间 t_d 的分段函数,如图 5-20 所示。若 $t_1 = t_P$,生产率突变发生后,生产时间调整为 15.73,当 $12.27 < t_d < 15.73$ 时,第二次突变发生在生产完成之前,只通过延长生产时间即可满足市场需求率,不需要补货,生产时间随 t_d 的增加而减少。当 $t_d > 15.73$ 时,第二次突变发生在生产完成之后,生产商只能通过外部补货满足市场需求,补货时间随着 t_d 的增加而增加,补货量随着 t_d 的增加而减少。若 $t_1 = t_d$,当 $12 < t_d < 12.27$ 时,补货时间发生在需求率突变之后,此时生产时间延长至周期末,补货时间随着 t_d 的增加而增加,补货量随着 t_d 的增加而减少。若 $\rho(t_2) < \Delta_1 (e^{\theta t_2} - e^{\theta t_1}) < 0$,则 $t_d > 8.74$,当 $8.74 < t_d < 12$ 时,补货点发生在生产率突变之后,生产时间延长至周期末,补货时间随着 t_d 的增加而增加,补货量随着 t_d 的增加而减少。当 $0 < t_d < 8.74$,补货点在生产率突变前,需求率突变发生后的一段时间,系统需要补货,生产商把生产时间延长到周期末,补货时间随着 t_d 的增加而增加,补货量随着 t_d 的增加而减少。补货后供应能力增加,生产商减少生产时间使周期末没有剩余库存。

5.5.3 生产突变强度对生产库存策略的影响

假设顾客需求在时刻 6 发生向上阶跃且需求率的阶跃强度为 300,即 $t_1 = t_d = 6$,$\Delta d = 300$,生产突变发生在时刻 12,即 $t_2 = t_P = 12$,生产率的突变强度未知,此时第一次突变为需求突变,第二次突变为供应突变。根据 ΔP 取值范围的不同分情形讨论 ΔP 与生产时间 T_2、补货时间 t_r 及补货量 Q_r 的关系,如图 5-21、图 5-22 所示。

生产时间和补货时间都是关于 ΔP 的分段函数,如图 5-21 所示。补货量也是生产突变强度 ΔP 的分段函数,如图 5-22 所示。此时第一次突变为需求

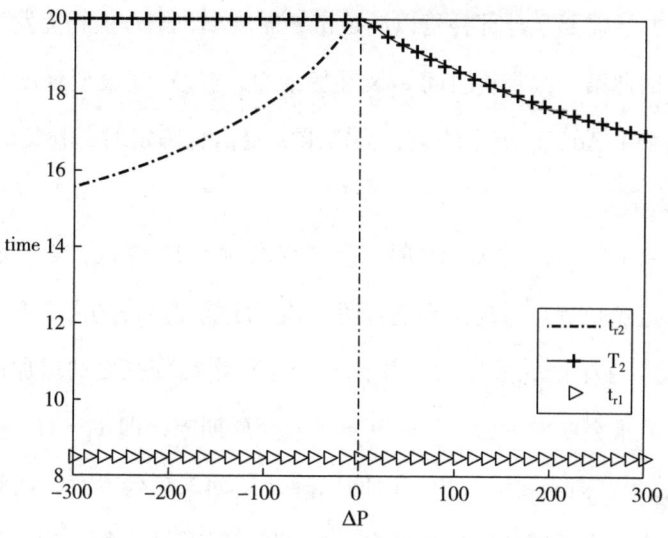

图 5 – 21　生产时间 T_2、补货时间 t_r 与 ΔP 的关系

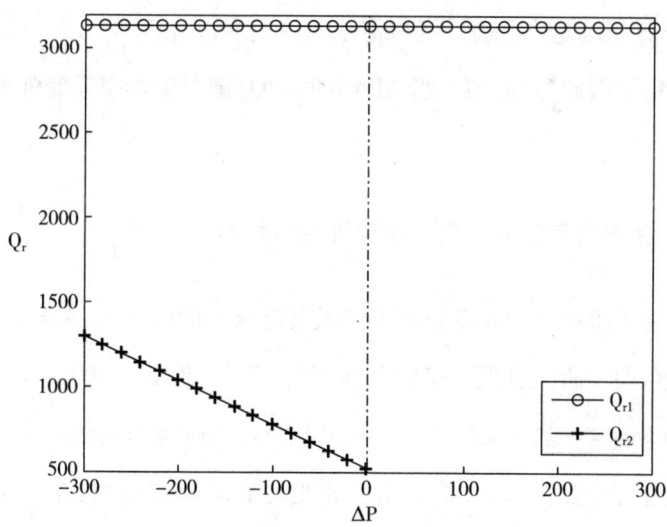

图 5 – 22　补货量 Q_r 与 ΔP 的关系

率突变,第二次突变为生产率突变。需求率突变发生时生产商将生产时间延长

至周期末,并且需要从外部补货以满足市场需求率,第一次补货发生在生产率突变之前,因此第一次补货时间 t_{r1} 及补货量 Q_{r1} 与生产率突变强度和突变时间无关,是一个由 Δd、t_d 决定的量,当需求突变信息确定时,补货时间 t_{r1} 及补货量 Q_{r1} 也确定。

如图 5-21 所示,当 $\Delta P<0$ 时,生产率在时刻 12 降低,生产商需要进行外部补货以避免缺货。系统需要进行两次补货才能满足市场需求率,第二次补货时间 t_{r2} 发生在生产完成之后,并且 t_{r2} 随生产率突变强度的增加而增加。当 $\Delta P>0$ 时,需求突变发生后生产时间被延长至周期末,即 $T_1=H$,生产率在时刻 12 增加,生产商需要缩短生产时间以降低周期末剩余库存,调整后的生产时间随着生产突变强度的增加而减少。生产率突变发生在第一次补货之后,当供应能力增加后,系统需要提前结束生产以使周期末无剩余库存。

图 5-22 说明了第二次补货量与生产突变强度之间的关系。第一次补货量 Q_{r1} 不受生产突变强度的影响,仅与需求突变有关,由于需求突变强度及突变时间已经给定,因此 Q_{r1} 已知。当 $\Delta P<0$ 时,Q_{r2} 随着生产率突变强度的增加而减少。

5.5.4 生产突变时间对生产库存策略的影响

假设顾客需求在时刻 6 发生向上阶跃且需求率阶跃强度 $\Delta d=300$,生产在某个时刻发生向上阶跃且生产率阶跃强度为 100,即 $\Delta P=100$。此时两次突变的先后顺序不确定,当 $t_P<6$ 时,第一次突变是供应能力突然增加,随后需求率发生阶跃型突变。当 $t_P>6$ 时,生产突变发生在需求突变之后。分情形讨论生产突变时间 t_P 与生产时间 T_2、补货时间 t_r 及补货量 Q_r 的关系,如图 5-23、图 5-24 所示。

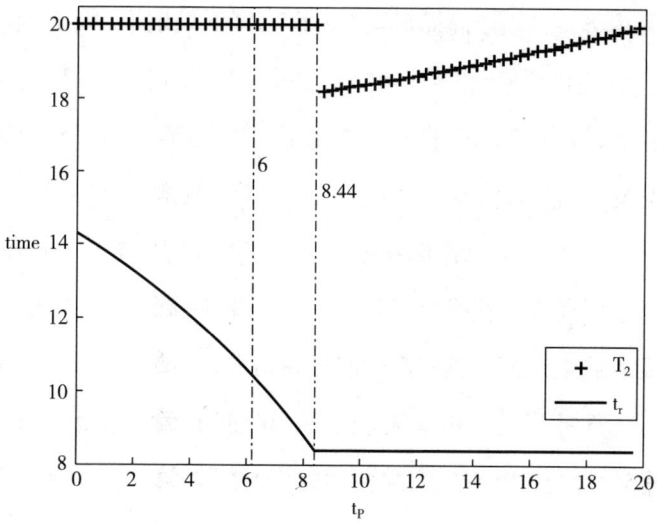

图 5-23 生产时间 T_2、补货时间 t_r 与 t_p 的关系

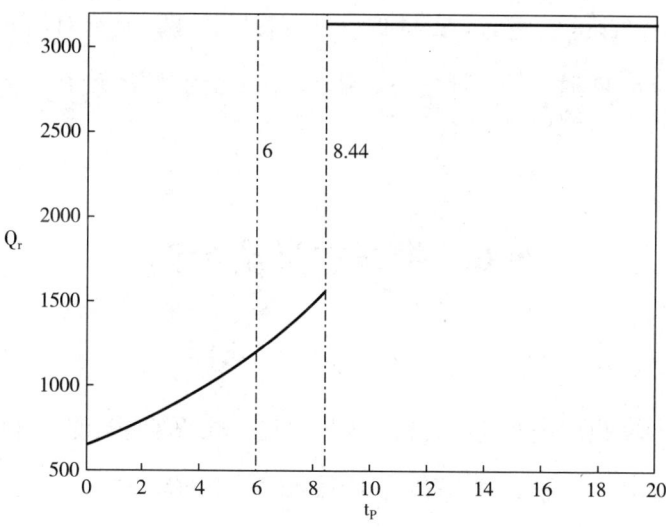

图 5-24 补货量 Q_r 与 t_p 的关系

如图 5-23 所示,生产时间 T_2 是关于 t_p 的分段函数。当 $t_p \leq 6$ 时,生产

率在某时刻突然增加,生产商缩短生产时间以降低周期末剩余库存,随后需求率突然增加,尽管生产商延长生产时间至周期末,但仍无法满足市场需求,所以选择外部补货,补货时间随着 t_p 的增加而减少。当 $6 < t_p < 8.44$ 时,第一次突变为需求突变,第二次突变为供应突变,生产商调整生产时间无法满足市场需求,必须进行补货才能满足市场需求率,补货时间发生在生产率突变之后,生产时间延长至周期末,补货时间随着 t_p 的增加而减少。当 $8.44 < t_p < 20$ 时,需求率突变发生后生产商调整生产时间至周期末,仍不能满足市场需求率,生产商需要进行外部补货满足市场需求,补货时间 t_r 发生在生产突变之前,因此, t_r 及补货量 Q_r 与生产率突变强度和突变时间无关,是一个由 Δd、t_d 决定的量。为了应对需求突变,生产时间被延长至周期末,此时面对供应能力的突然增加,生产商需要调整生产时间以使周期末无剩余库存,生产时间随着 t_p 的增加而增加。

如图 5-24 所示,当 $t_p < 8.44$ 时,补货量随着生产突变时间 t_p 的增加而增加。当 $t_p \geq 8.44$ 时,补货量是一个确定量,不受生产突变时间 t_p 的影响。

5.6 管理意义及结论

风险事件对供应链造成巨大经济损失并且影响顾客满意度,因此得到学术界和企业界的广泛关注。由此看来,降低风险带来的成本损失至关重要。为了降低风险造成的损失,维持竞争优势,生产商应该制订怎样的生产计划与补货计划是意义重大的研究问题。为了解决这个问题,本章在生产和需求都发生突变的情形下,建立了更加灵活的生产—库存模型。生产突变表现为制造商的生产率发生突变,需求突变表现为零售商面对的市场需求率发生突变。实际生产运作过程中，生产率突变和需求率突变都是不可预测的，它们可以在任何时间以任何强度发生。本章帮助生产商制订生产和库存计划以应对生产和需求发生的未知突变事件，降低突变造成的损失并且满足顾客需求。本章引入了新增库存量 P−d 受突变冲击后的变化强度 Δ_1、Δ_2。Δ_1、Δ_2 的下标反映了两次突变发生的先后顺序，取值反映了阶跃的方向以及阶跃的强度。

在本章建立的生产—库存系统中，生产商根据每次突变的具体情况对生产计划进行调整。若生产商通过调整生产时间能满足市场需求，首先调整生产时间，若调整生产时间仍不能满足市场需求，由于昂贵的缺货成本，必须进行外部补货，此时需要决策生产时间、补货时间以及补货量。若按照已有计划生产，周期末会产生剩余库存，此时决策生产时间以减少周期末的剩余库存。这四种情况包含了当供应和需求都发生阶跃型突变时的所有情况，针对每种情况得出了相应的策略。据此，生产商可以根据实际情况，快速做出响应，使在满足市场需求率的情况下，损失最小。管理者在生产销售周期内受到第一次突变冲击后，根据突变强度和突变时间的大小判断其在哪些边界范围内，进而选择相应的策略，立即对生产库存策略进行第一次调整，若调整生产时间可以弥补第一次突变造成的影响，则把生产时间调整为 T_1；若调整生产时间不能弥补第一次突变造成的影响，库存在某个时刻降为零，则在该时刻订货，生产时间延长至周期末，根据第一次的突变强度和突变时间选择相应的订货时间和订货量表达式。当第二次突变发生时，管理者应采取相同的步骤进行决策。

根据生产突变和需求突变的时间以及强度不同，以满足顾客需求率和最大限度地降低剩余成本及损耗成本为目标，分情形讨论了生产商应该采取的生产策略和补货策略。以生产和需求都不发生突变时的生产—库存系统作为基础模型，提出了两个重要的边界条件，将问题划分为两个方面，并对每个方面进行更加详细的划分，分别给出最优的生产库存策略。

一旦突变发生，生产商需要快速做出响应，根据第一次突变情况调整原有生产库存计划。如果生产商通过调整生产时间能满足市场需求，不同情形下，生产时间表达式相同；否则，为了降低损失，生产商采取外部补货的方法来提高顾客满意度，补货点是库存降为零的点。

当第一次突变强度为负时，生产商延长原计划的生产时间。延长生产时间仍无法满足市场需求时，通过外部补货满足剩余的市场需求。所以生产商需要决策，什么时候停止生产、是否需要补货、需要进行几次补货、补货时间以及补货量分别是多少。本章研究发现，如果第二次突变发生之前不得不进行补货，则第一次突变发生后生产时间被延长至周期末。第一次补货的时间以及数量只跟第一次突变有关。第一次突变的强度及时间已知，则第一次补货的时间及数量的表达式是确定的。补货时间随着第一次突变强度及突变时间的增加而增加，补货量随着第一次突变强度及突变时间的增加而减少。

若需求突变发生在生产完成之后，由于生产已经全部完成，当需求降低时，周期末存在剩余库存。生产突变对剩余库存不产生影响，剩余库存仅与需求突变有关，剩余库存随着需求突变强度的增加而减少，随着需求突变时间的增加而减少。当需求增加时，需要进行外部补货以满足增加的需求，补货时间及补货量不受生产突变的影响，仅与需求突变有关。补货量随着需求突变强度的增加而增加，随着需求突变时间的增加而减少。补货时间随着需求突变强度的增加而减少，随着需求突变时间的增加而增加。

第6章

多级供应链中影响捐赠意愿的障碍和慈善商店作用的研究

第6章 多级供应链中影响捐赠意愿的障碍和慈善商店作用的研究

在实际生活中，生产率突变和需求率突变都是不可避免的。当供应链系统受到突发事件扰动之后，比如一些重大灾难，除了调节生产率，通过调节生产时间或依靠外部补货来调整供应量以实现供应与需求的重新匹配，还可以从人道主义视角出发，寻找使人们尽快灾后重建、安居乐业的方式。随着数量的增加，慈善商店发现很难获得优质的库存。此外，当经济衰退时，他们可能需要提前计划以确保有足够的库存。本书确定了慈善商店在多层供应链中的作用及其捐赠流程，并通过经验方法评估了采用混合方法来影响捐赠意愿的障碍。

6.1 引　言

慈善商店是为了筹集资金而出售捐赠物品的零售商店；它们还可以作为提高大众对慈善事业认识的一种手段。19世纪后期，救世军首先为低收入人群提供了廉价的二手服装（Podkalicka，2012）。第二次世界大战后，其他慈善机构开始经营商店以筹集资金，以缓解有需要的人的困难：乐施会于1947年开设了第一家慈善商店，苏·莱德基金会于20世纪50年代初开设慈善商店（Horne，1998）。英国的慈善商店在零售方面代表着"非传统的分配形式"，并且自20世纪80年代末以来已成为一个成功的行业（Horne，1998）。在最初阶段，由于慈善商店所售商品是二手衣服和家庭用品并且缺乏专业的管理技能，所以它们给大众的印象是低端市场。20世纪80年代后期，它们的形象逐渐从劣质的二级贸易网点转变为主要的高街商店（Parsons，2000）。许多慈善商店开始聘请有薪经理，并从传统零售业引进进口商品和先进的展示技术。这些转变使慈善商店在英国越来越流行（Hibbert，2005；Parsons和Broadbridge，2004）。如今，英国大约有11200家慈善商店。英国慈善商店在2019年筹集了超过2.95亿英镑（慈善零售协会，2020b）。随着数量的增加，慈善商店发现很难获得优质的物品。此外，当经济衰退时，他们可能需要提前计划以确保有足够的优质库存。尽管一些研究人员对慈善商店进行了调查，但对供应链方面的探索仍然不够。因此，本书旨在了解慈善商店的作用及其在多层供应链中的捐赠流程，以及评估影响捐赠意图的障碍。为了实现研究目标并填补研究空白，本书解决了以下问题：影响捐赠意愿的主要因素是什么？影响捐赠意愿的主要因素之间有什么关系？

本章内容逻辑结构如下：在接下来的第二部分首先将基于代理理论和利益相关者理论建立探索慈善商店作用的理论框架。其次开发并讨论了概念框架，最后再对影响捐赠意图的障碍进行文献综述。第三部分整理了与14家慈善商店经理进行的半结构化访谈以及从222名捐助者那里收集的问卷调查结果，以及解释性结构建模（ISM）的结果，这些结果用于评估已识别障碍之间的关系。最后一部分介绍了本书的结论、管理意义和局限性以及未来的研究方向。

6.2　文献综述

19世纪，救世军开始经营慈善商店以减轻困难。后来，在第二次世界大战爆发时，一些慈善机构为了给战争筹集资金（如英国红十字会）也开设了慈善商店（慈善零售协会，2021）。如今，乐施会和英国红十字会等组织仍将慈善商店的资金用于人道主义事业。近年来，随着复杂紧急事件的增多，受到影响的中东人数增加，国际慈善机构开始寻找有效的方法来提供人道主义援助，以满足受危机影响的人们的需求。例如，经过多年的内战，叙利亚数百万民众仍旧面临重大的生活挑战。自10年前内战开始以来，英国红十字会一直在叙利亚提供人道主义援助，并与他们的伙伴合作以支持在黎巴嫩的叙利亚难民。自经济危机爆发以来，英国红十字会与叙利亚阿拉伯红新月会一起为500万人提供了援助（慈善零售协会，2021）。此外，乐施会还在叙利亚境内提供人道主义援助，其中包括现金基础援助（乐施会，2021，英国）。在大多数灾后局势中，许多人在短期内需要人道主义援助。难民希望机构能够快速、简单地确定需求的优先顺序。如今，人道主义危机的性质正在发生变化。长期以来，随着需求的逐年递增，自然危机和人为危机都使人道主义援助承受着沉重的压力。提供现金基础援助通常是提供人道主义援助的一种非常有效的方式并且能够使有限的资金得到进一步利用（Margolies 和 Hoddinott，2014）。现金基础援助是过去10年中经过最严格评估的人道主义工具之一（海外发展研究所报告，2015）。对200项资源和研究的分析，为有关人道主义环境中减少贫困现金转移的有效性、可行性和成本提供了证据。现金转移使人道主义系统对受益人更加负责，并使人道主义援助更加透明（海外发展研究所报告，2015）。传统的做法是慈善机构向难民提供实物商品：水、食物、衣服、住所和医疗帮助。但是，这种方式正在逐渐被新的方法取代。如今，受危机影响的人们可以取而代之的是现金，他们可以用这些现金购买他们最需要的东西。人道主义援助的研究表明，接受现金援助的人们更倾向于购买他们最需要生存的东西，而不会将其浪费在诸如酒精、烟草等违反人道主义援助目的的物品上（Evans 和 Popova，2014）。现金转移技术的变化为人道主义组织提供了前所未有的人道主义援助机会。在紧急情况下，诸如索马里的饥荒、黎巴嫩的难民以及菲律宾和巴基斯坦的灾难，证据显示现金基础援助是帮助人们从人道主义危机中恢复的最有效方法之一（Cabot Venton、Bailey 和 Pongracz，2015；Pongracz，2014；海外发展研究所报告，2015）。特别是人道主义组织利用汇款公司向2011年在索马里饥荒中受灾的 150 万民众转移了现金,以帮助他们从灾难中恢复(海外发展研究所报告,2015)。超过 100 万的黎巴嫩难民没有获得实物援助,而是以智能卡、代金券或 ATM 卡的形式在当地商店使用现金基础援助的方式(Pongracz,2014)。菲律宾近 50 万人获得了现金援助,以应对菲律宾的台风"海燕",帮助受灾群众重建生计(海外发展研究所报告,2015)。

慈善商店主要出售捐赠的物品,用来为慈善团体筹集资金,以进一步提供人道主义援助。但是,慈善商店缺乏常规的供应链。同时,他们的股票严重依赖捐赠者的捐赠。慈善商店在多层供应链中的角色及其捐赠流程可以非常有效地帮助我们了解慈善供应链的独特性,同时也有助于评估慈善商店在供应方面的障碍。我们从以下几个方面进行文献综述:首先,基于代理理论和利益相关者理论,建立了确定慈善商店角色的理论框架。其次,讨论了概念框架和捐赠流程。最后,讨论了影响捐赠意愿的障碍。

理论框架

代理理论被广泛应用于社会科学研究,以描述原则和代理商之间的关系。当代理人(如慈善商店)在业务运作中代表委托人(如捐赠者)时可能会产生一些问题(Jensen 和 Meckling,1976;Eisenhardt,1989)。由于信息不对称,委托人(捐赠者)很难跟踪代理人(慈善商店)的行为,这可能给委托人带来风险,并造成两方之间的冲突(Wright 等,2001;Zsidisin 和 Ellram,2003)。为了解决上述委托—代理问题,通常采用公司治理来保证委托人的利益。慈善商店总是面临不同的运作情况,包括接收捐赠者的捐款、出售捐赠所得的物品和支持目标受益者。英国慈善委员会为了确保捐赠的连续性,建立稳定的管理和问责制已成为主要目标(Hyndman 和 Mcdonnell,2009)。代理理论是金融文献中经常使用的主导理论。从财务角度来看,公司管理关系到公司的财务提供者如何确保他们的投资收益(Shleifer 和 Vishny,1997)。为了支持慈善机构的目标受益人，慈善商店通过出售捐赠物品给慈善机构筹集资金。因此，投资收益是为支持目标受益人而筹集的资金（Hyndman 和 Mcdonnell，2009）。从这个角度来看，慈善机构内的公司管理可被视为慈善商店履行对捐助者的责任的方式，也就是他们如何切实、准确地将资金分配给预期的受益者。在履行责任的过程中，慈善商店充当了处理捐赠的中间人。他们从捐助者那里收到物品，将其出售，并得到大量资金以支持目标受益者。因此，遵循双重代理的概念（Arthurs 等，2008；Child 和 Rodrigues，2003），慈善商店支持目标受益人（主要代理角色）以及接受和出售捐赠物品（二级代理角色）（见图6-1）。这将在下面的"慈善商店在多层供应链和捐赠流程中的作用"部分中进一步讨论。

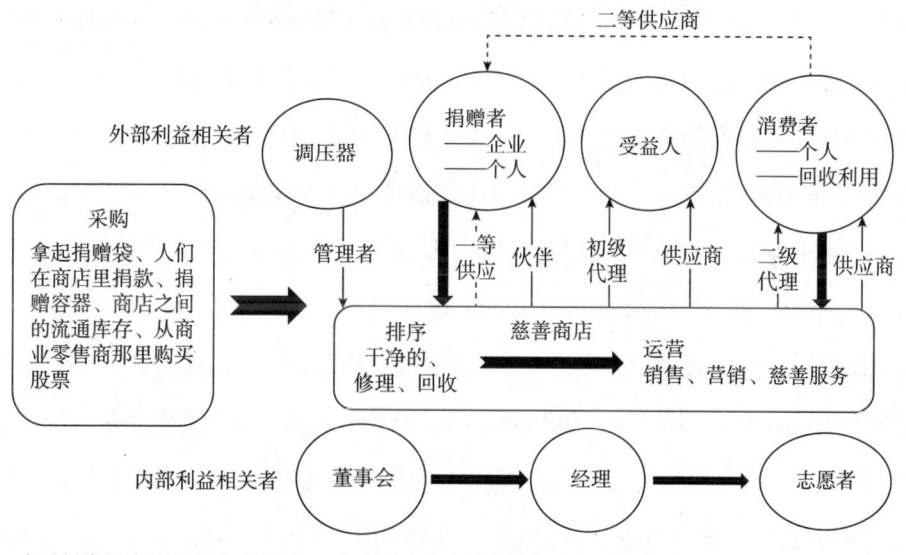

图6-1 概念模型：慈善商店的作用和捐赠流程

捐赠者

捐赠者是慈善商店的重要外部利益相关者。与其他类型的经济交易不同，捐赠者不以换取金钱为目的提供物品。慈善商店出售捐赠的物品，以为其目标受益者筹集资金（Hyndman 和 Mcdonnell，2009）。因此，捐赠者将物品捐赠给慈善商店的同时，将决策权下放给慈善商店。在这种情况下，捐赠者是委托人，而慈善商店则是代理商。因此，在支持受益人的过程中，慈善商店被视为捐赠者提供收集点的第一级供应商，并且在某种程度上，捐赠者成为"牵头公司"。

受益人

慈善商店的主要代理角色是为慈善机构筹集资金以支持受益人。因此，慈善商店决策者面临的关键问题是受益人应在多大程度上参与进来（Hyndman 和 Mcdonnell，2009）。过去 30 年来，受益人参与慈善商店的运作一直很好，并且慈善商店运营环境的变化也促进了用户参与的发展（Hyndman 和 Mcdonnell，2009；Locke 等，2003）。例如，慈善委员会（2000）建议慈善委员会的 1/3 应为受益人。考虑到受益人的参与形式，Beresford 和 Croft（1993）提出了"消费主义"和"民主"原则。在这里，"消费主义"是指受益人被视为有关受益人参与的"消费者"，这意味着他们的参与应仅限于服务信息和评估、消费者需求的确定、市场研究和投诉程序（Beresford 和 Croft，1993；Locke 等，2003）。"民主"是指在公司决策过程的"民主"背景下，受益人被视为公民，其中包括确定慈善机构或董事会代表的任务（Hyndman 和 Mcdonnell，2009）。另外，应该指出的是，并非在所有情况下受益人都可以直接联系，例如参与慈善委员会。在一些慈善机构，例如英国乐施会和英国红十字会，该基金的一部分将用于帮助海外难民重建生活，而受益人不在英国。

消费者

慈善商店的二级代理角色是向消费者提供捐赠的物品。通过向消费者出售捐赠的物品，慈善商店为慈善团体筹集资金，以支持目标受益者。在支持受益人的过程中，捐赠者成为"牵头公司"，而慈善商店被视为向捐赠者提供捐赠的集合点的第一级供应商。消费者被视为通过慈善商店购物提供资金的第二级供应商。但是，当考虑到慈善商店和消费者之间的捐赠流程时，在提议捐赠商品时，慈善商店就是供应商。此外，遵循代理理论，消费者成为原则，而慈善商店则是代理。消费者与慈善商店之间的主要代理问题是消费者与慈善商店之间的信息不对等，消费者处于信息劣势，这意味着他们无法准确评估慈善商店的服务质量（Hansmann，1987）。但是，研究表明，技术进步减轻了消费者的信息劣势，因为他们更容易获得信息，并且更有能力影响慈善商店的运营效率，从而避免出现代理问题（Ben-Ner，2002）。

调压器

慈善商店必须遵守一定的政府法规。由于他们与捐赠者之间的信息不对称，Andreoni（1990）指出，慈善商店应遵循政府的规定，并披露与绩效有关的信息以吸引捐赠者。政府监管非常重要，特别是对于内部管理薄弱的慈善商店（Hyndman 和 Mcdonnell，2009）。如果捐赠者对慈善商店的了解很少，他们可能不会捐赠。外部监管机构的有效监管和监督可以提高捐赠者的信心，从而鼓励捐赠。从这个角度来看，法律法规对慈善商店和捐助者都有利。此外，有必要检查慈善商店所遵循的法规是否能够有效地对捐赠流程进行监管。当慈善商店对监管机构的责任超过对捐助者的责任时，它们可能会引起新的问题。如果监管慈善商店的法规太多，它们可能会花费太多时间或金钱来遵守法律法规，而不是满足捐助者的需求（Hyndman 和 Mcdonnell，2009）。

内部利益相关者：董事会、经理和志愿者

以上讨论了慈善治理中的四个外部利益相关者（捐赠者、受益人、消费者和监管者）。在本部分中，着重分析三个内部利益相关者：董事会、经理和志愿者。这三个利益相关者群体之间的联系是慈善机构治理的关键特征。根据委托—代理理论，存在两种内部委托—代理关系（董事会—经理和经理—志愿者）（见图6-1）。

董事会

根据利益相关者理论，董事会的作用是代表慈善机构服务的利益相关者群体的利益。董事会应将尽可能多的利益相关者团体纳入其中，以实现支持受益者的目标（Cornforth，2003；Donaldson 和 Preston，1995）。有人建议将受益人和捐赠者纳入董事会，以监测慈善机构的运作效率（Callen、Klein 和 Tinkelman，2003；Connolly 和 Hyndman，2003）。慈善机构的理事会可能比商业公司的理事会发挥更大的作用。资源依赖理论认为，更大的董事会可以帮助筹集资金并发展与慈善商店的主要联系（Pfeffer 和 Salancik，1978）。

经理

根据代理理论，董事会是委托人，经理是代理人。董事会聘请经理经营慈善商店。在慈善商店的运营中如何在控制和合作模式之间找到平衡是一项挑战（Cornforth，2003）。如果董事会控制得太多，经理的内在动力可能会不足。但是，如果控制不力，机会主义的可能性可能会增加。当管理者的权力阻碍了董事会的控制职能时，就会存在委托—代理问题（Van Puyvelde 等，2012）。为了解决委托—代理人的问题，慈善机构的董事会可能需要在控制权和合伙制之间找到平衡。适当的方法是引入绩效工资制或对潜在经理人采用选拔政策（Van Puyvelde 等，2012）。

志愿者

Handy 等（2000）的研究结果表明，缺乏时间和兴趣以及健康问题可能是志愿服务的主要障碍。因此，管理人员可能需要了解志愿服务的动机和障碍。管理人员还应该在控制和与志愿者合作之间找到平衡，以避免委托—代理问题。管理者的专业精神可以帮助志愿者克服问题，例如，感到沮丧、期待外部感激或限制他们期望的自主权（Jegers，2008；Van Puyvelde 等，2012）。

慈善商店在多层供应链和捐赠流程中的作用

慈善商店缺少传统的供应链；相反，它们的存货严重依赖捐助者的捐款。为了了解慈善供应链，必须探索慈善机构的作用、多层供应链中的慈善商店和捐赠流程。本书概念化并总结了慈善商店的以下三个角色：作为消费者和受益人的供应商，捐赠者的合作伙伴和监管者的监督者（见图 6-1）。此外，本书还确定了从物资采购到慈善服务到达受益人的捐赠流程（见图 6-1）。

慈善商店的首要角色是供应商。慈善商店为两个利益相关者提供服务：消费者和受益人。他们向消费者提供捐赠的物品，从而为慈善事业筹集资金，以支持其受益人。慈善商店的第二个角色是捐赠者的伙伴。慈善商店与捐赠者一起创造"双赢"的结果。它们提供了一个实现慈善捐赠的平台，这有助于捐赠物品的循环流动，并帮助个人摆脱不需要的物品。慈善商店可以将用过的物品退回以进行回收操作，包括重复使用或回收。回收后，用过的物品可以返回到正向供应链。这将使这些受控制的项目产生循环流动。对捐赠公司而言，该平台还有助于企业履行社会责任，降低成本，刊登广告并降低价格敏感性。对于慈善商店本身而言，捐赠支持增长，并建立声誉以吸引更多的捐赠者。慈善商店的第三个角色是监管机构。监管机构提供了一个法律框架来指导慈善商店的善治，并帮助减少信息不对称，以确保捐赠者的信心。在英国，企业的慈善捐赠率增加了 46% 以上，但个人捐赠率却大大下降了（Brammer 和 Millington，2005）。最近的一份报告显示，尽管对二手商品的需求增加，但向英国慈善机构捐赠的电子和电气设备以及家具有所减少（慈善零售协会，2020c）。慈善商店与监管机构的合作有助于制定法规，以观察公司的慈善捐赠并鼓励个人捐款。

慈善商店的捐赠来自捐赠者，但是，慈善商店对捐赠数量和质量的控制有限。由于捐赠数量和质量的不确定性，捐赠项目在本质上是高度随机的。因此，有必要探索捐赠流程，以跟踪慈善商店从收款阶段到运营阶段如何处理捐赠（见图6-1）。慈善商店缺乏传统的前向供应链，它们的供应链与反向供应链的相关程度更高（Sadrnia等，2020）。

逆向供应链包括三个主要阶段，即收集阶段、选择和分类阶段以及运营阶段（Beh等，2016）。这三个阶段包含五个关键组成部分：产品获取、逆向物流、检查和处置、翻新以及分销和销售（Beh等，2016）。收集阶段包括两个过程，即产品获取过程和逆向物流过程。产品获取是获取二手产品的过程。慈善商店通过各种采购方法积极寻求额外的库存，包括个人在商店中的捐赠，购买的商品以及商店之间的流通库存（Horne，1998；Parsons，2004）。最近，一些大型慈善商店已经使用书和衣服库或捐赠容器来解决"逆向分配"问题。一些大型慈善商店张贴捐赠袋，并提供免费接送服务。有些组织（如乐施会）有自己的仓库，因此在慈善商店出售的捐赠也可能来自中央仓库。但是，由于运营成本，一些小型慈善商店可能无法负担免费的接机服务或展示书和衣服库。此外，慈善商店专业程度的提高带来了更多收入，但也带来了竞争。最明显的竞争是满足客户的需求。如果没有存货的连续性，消费者可能会转移到下一家商店（Horne，1998）。随着慈善商店的数量增加，优质捐赠的采购变得越来越困难。因此，慈善商店有必要了解阻碍获得捐赠的障碍。逆向物流是将报废产品运输到后处理公司的过程（Santana等，2021）。捐赠通常通过四个渠道进行收集：当地人到商店购物进行捐赠；人们把袋子放进衣服和书库中；慈善商店提供免费接送服务；和慈善商店张贴捐款袋。随着城镇行人专用区数量的增加，由于人们无法再"停放"，捐赠的物品数量减少了（Parsons和Broadbridge，2004）。为了解决这个问题，一些慈善零售商建立了自己的分销系统，例如提供免费接送服务以及展示书籍和服装银行。这些有助于控制分配系统并记录捐赠地区的捐赠质量（Horne，1998；Parsons，2004）。

选择和分类阶段涉及两个过程：检查和处置过程以及翻新过程。检验和处置是对二手产品进行检验（并决定是否重复使用、再制造或回收）的过程（Beh等，2016；Nikolaidis，2013）。一旦决定了要对二手产品进行翻新或升级处理，便会进行翻新。与传统制造相比，由于退货产品的质量、产品之间的差异以及较大的时间不确定性，翻新的可预测性较差。因此，公司可能会努力进入分拣阶段以减少制造差异（Beh等，2016；Nikolaidis，2013）。收到捐款后，慈善商店会保留优质物品，并回收劣质物品。在商店出售之前，可能需要对存储中的捐赠物进行清洁或维修，这是很大的工作量。因此，大多数慈善商店都依靠志愿者来进行选择和分类工作。无法重复使用的物品将被运送到回收公司并进行处置，可重复使用的物品在慈善商店出售之前将被清洁。

最后一个阶段是运营阶段，其中涉及分销和销售过程。废料或报废产品可用于制造另一种不同的产品，这为商业和研究创造了新的机会（Sadrnia等，2020；Fu、Qiang、Ke和Huang，2021）。因此，企业需要决定是否需要为再制造产品或升级产品创造新市场或需求（Beh等，2016；Nikolaidis，2013）。例如，根据先前的慈善商店研究，可以将使用寿命结束时的服装进行升级以制造汽车内饰、新织物和纸张（Horne，2000）。如今，一些大型的慈善商店，例如乐施会、救世军和英国心脏基金会，都有重新利用或回收无法在慈善商店中出售的物品的途径。这有助于将某些物品从废物流中转移出去，进而有利于环境保护。此外，在运营阶段，慈善商店通过营销提高品牌知名度，这有助于他们吸引捐款。通过出售这些捐赠，慈善商店能够为其父母慈善事业筹集资金。最后，父母慈善机构能够为受益人提供慈善服务，这是从采购到受益人的捐赠流程。慈善商店的角色及其捐赠流程对于了解慈善供应链非常有用，这些有助于评估慈善商店的供应方面的障碍。

影响捐赠意愿的障碍

慈善商店专业化程度的提高带来了更多收入,但同时也带来了竞争。最明显的是吸引捐款的竞争。因此,随着慈善商店的数量增加,他们发现越来越难以获得库存。此外,当前英国经济不景气可能会影响慈善商店的运营。据报道,59%的慈善商店受到经济衰退的影响,在经济衰退的高峰期,慈善商店收到的美元总价值下降了 13%(Osterley 和 Williams,2018)。由于人们在衰退期间可能倾向于保留时间较长的旧物品或将其出售以换现金,因此慈善商店面临的挑战是,随着捐赠物品的供应减少,满足日益增长的需求(Osterley 和 Williams,2018)。慈善商店可能需要提前计划,以确保在经济不景气时有足够的存货。因此,对于慈善商店来说,了解阻碍个人捐款的因素很重要。

为了确定可能影响捐赠的因素,Trussel 和 Parsons(2007)根据对美国 4727 家慈善商店的样本分析提出了四类变量。所有这四个类别的变量都对捐赠产生积极影响:与慈善商店履行任务的程度有关的效率变量;如果面临捐款短缺,则代表运营能力的财务稳定性变量;筹款变量,表明捐赠者可以在多大程度上访问信息以跟踪筹款目标;以及充当慈善商店声誉的变量。同样,为了确定可能影响捐赠的因素,Kitching(2009)对美国 228 家慈善商店的样本进行了分析,并断言捐助者更愿意向由高质量审计员审计的慈善商店捐款。此外,为了在慈善商店与捐赠者之间建立积极的关系,凯利(2001)提出了三种基于管理方法的策略,包括:互惠,这要求慈善商店对捐赠者表示感谢,例如向捐赠者致谢;责任,这要求慈善商店在社会上响应捐助者,例如解释其项目的任务;报告,这需要慈善商店告知捐赠者他们如何正确使用捐助。为了探究影响英国捐赠意愿的障碍,本书首先根据对 14 家慈善商店经理的半结构化访谈和对 222 名捐赠者的调查,确定了 10 个障碍。然后应用 ISM 方法检查这 10 个障碍之间的相互关系,并按优先级对其进行排名。

6.3 研究方法

为了从经验上评估影响捐赠意向的障碍并回答研究问题,这项研究与15家慈善商店的经理进行了半结构化访谈,并从英国的捐赠者那里收集了222个可用的问卷。首先,使用访谈笔录的扎实理论分析和调查分析将数据汇总在一起,以找出影响捐赠意向的10个障碍。其次,本书应用解释性结构建模(ISM)方法来检查障碍之间的相互关系。最后,本书根据对ISM模型的分析和调查结果对这些障碍的优先级进行了排序。

半结构化访谈

我们在2016年和2018年对英格兰东北部的14家为慈善商店工作的经理进行了半结构化访谈,以探讨目前影响捐赠意向的障碍。为了增加数据的多样性,我们从不同的慈善商店中选择了经理。这些慈善商店的业务使命、规模和成熟度不同。14位经理为以下慈善商店工作:乐施会精品店(1)、英国心脏基金会(2)、范围(1)、救世军(2)、儿童协会(1)、英国时代(1)、圣卡斯伯特临终关怀工业园区(1)、NSPCC(1)、RSPCA(1)、St Cuthbert的临终关怀高街商店(2)和Emmaus(1)。

扎根理论是适用于社会科学研究的定性方法之一(Ralph、Birks和Chapman,2015;Oktay,2012)。通过从地面发现经验数据,该方法可以将未知现象转变为具有凝聚力的概念。这项研究将扎根理论应用于数据收集和数据分析的基础。第一步是从与慈善商店经理的14次深度半结构化访谈中收集数据。第二步是对数据进行编码以识别潜在的分析概念。最初的编码是使用NVivo中的 Saldaña J. (2016) 方法执行的，重点是内容和过程代码。第三步是围绕相似的概念组织数据。使用恒定的比较方法进行选择性编码，以将障碍分配到类别中。持续的比较分析包括显式的编码和分析程序，这支持了扎根理论的发展 (Oktay, 2012)。第四步是形成相关概念的类别 (Oktay, 2012)。形成了三个类别（与财务相关的障碍、与信息相关的障碍、与便利相关的障碍）来支持一个核心概念（影响捐赠意图的障碍）。访谈有助于创建调查问题。表6–1显示为了确定10个障碍而设置的相关访谈问题。

表6–1 为确定10个障碍设置的访谈问题

面试问题	相关面试成绩单	民意调查
与财务相关的障碍		
捐赠的质量如何？捐赠者是否已清理或修理了捐赠物品？	"……它们不太好……我们通常需要对其进行称重，然后出售给一家名为RAG的回收公司……" "……捐赠物品的质量很差，因为人们在经济不确定时期会坚持更长的时间……" "……他们是可以接受的。我们的志愿者将在商店展示之前先熨烫衣服……" "……我们的商店通常只接受高质量的设计和时尚大街……" "……并非一直如此。某些假期，我们供应不足……" "……有些很好。但是其中大多数都需要清洁……我们的志愿者在陈列衣服前会先熨烫衣服……其中大多数都不适用于当前季节……" "……在某些假期，例如圣诞节期间，供应不足……" "……他们不是很好……楼上的洗衣机用来清洗衣服……我们的志愿者将熨烫衣服……" "……我们有许多志愿者喜欢修理自行车……修理损坏的物品，以便它们可以再次使用……" "……这取决于……需要清洗一些……志愿者熨烫衣服……" "……我们需要更多的存货……" "……我们不修理，只蒸……"	1. 缺乏优质的捐赠物品

第6章 多级供应链中影响捐赠意愿的障碍和慈善商店作用的研究

续表

面试问题	相关面试成绩单	民意调查
与信息相关的障碍		
您的慈善商店如何通知人们可以接受物品？ 您如何维持与捐赠者的关系？ 您的慈善商店如何鼓励捐赠者捐赠？	"……在捐赠呼吁方面，我们的营销方式很明确……我们的慈善商店员工经过良好的培训，可以识别质量，因为他们会在商店中进行排序，确定哪些是我们的客户可以接受的……" "……依靠公众的慷慨解囊。我们需要人们的捐款才能为救世军筹集重要资金……" "……有很多因素影响捐赠……我们采取了一种复杂的方法……确保我们负责任地处理每笔捐赠……以获取最大的利润来支持我们的慈善事业……"	2. 缺乏有关慈善商店可以接受哪些物品的信息
您的慈善商店如何介绍其使命？	"……鼓励捐赠的广告……我们在窗户外面有招牌……" "……该公司通过电子邮件进行在线广告投放……" "……我们很小，所以当人们只想在一天之内搬走家具时，我们无法立即采取行动收货……" "……我们是一个无家可归的慈善机构，知名度不高，因此人们没有想到第一个慈善机构……"	3. 缺乏对慈善商店使命的认识
您的慈善商店如何通知捐赠者捐款情况？	"……信息可在线获得……由于英国公众的慷慨……我们收到的捐款超过了我们在慈善商店网络中所售出的捐款……因此，我们能够将服装出口到国外，供那些有需要的人再次使用……"	4. 对捐赠所产生影响的认识不足
您的慈善商店如何介绍您的捐赠过程？	"……您会看到压延机后面的书。那是我们唯一要做的事……" "……我们有服装银行。我在达勒姆（Durham）看到了一些……向我们的服装银行以及家庭或企业藏品捐款通常将有助于我们的慈善商店……" "……免费接送服务……居家清关服务……我们还张贴了捐赠袋……" "……在线广告……是的。我们以公司的身份开展工作……总部将做……"	5. 对捐赠过程不熟悉

· 145 ·

续表

面试问题	相关面试成绩单	民意调查
您的慈善商店如何告知捐赠者他们的捐赠产生的影响？	"……我们公司通常制订回收劣质产品的计划……通常将未售出的物品运到乐施会废物回收厂……FripEthique 计划是进行分类和再利用……" "……非当季衣物将被清洗并包装在储藏室中……我们将其回收利用……" "……一些未售出的书将交给其他慈善商店……" "……有些商品不是当前季节的。我们需要对商品进行分类……志愿者对不同质量的捐赠进行分类……" "……我们与一家名为回收解决方案的公司合作……" "……乐施会的礼物援助花蜜计划……" "……每笔捐款都是值得欢迎的，并且对我们来说是有价值的……无论我们收到捐款的季节如何……我们都确保我们的许多商店能存储反季节捐款，并且我们有仓库来存储……"	6. 缺乏有关慈善商店如何利用捐赠的信息

与便利相关的障碍

面试问题	相关面试成绩单	民意调查
您的慈善商店向捐赠者提供几种收款方式？ 哪种方法可以收集更多捐款？ 您多久提供一次免费接机服务？ 您的慈善商店是否主要依靠捐赠者访问商店进行捐赠？ 您如何看待阻碍捐赠者前往商店捐赠的障碍？	"……在英国的某些地方，我们有志愿司机，他们将根据当地情况定制……" "……我们还在便利的地点（如超级市场或地方政府停车场）经营着数以千计的服装银行，并经营着一个收集者网络，以确保按需收集捐款……" "……我们既有免费接送服务，也有服装银行来帮助满足需求并防止浪费犯罪，如倾倒小费……" "……我们为希望捐赠更大数量或大宗物品的人在英国的房屋和企业提供收款服务……" "我们提供免费接机服务、通关服务，人们需要先致电预约……" "……我们的一些捐赠者无法在开放时间内直接将捐赠给予我们的慈善商店……" "……不需要参观我们的慈善商店……打电话预约即可，我们会选择它的……" "……我们不收钱……" "……我们不在线销售。但是我知道有些慈善商店，一些儿童社团的慈善商店，他们正在这样做……" "……是的。我们做广告，我们张贴捐赠袋，许多慈善商店正在这样做。我可以给你看看，人们装满袋子，放在外面，我们的司机会来收集它……" "……高街商店……很难停车进入我们的商店……" "……有限的停车位……" "……我们是一个无家可归的慈善机构，知名度不高，因此人们没有想到第一个慈善机构……" "我们没有网上商店……当地人去商店购物并捐款……" "……我们的位置……主要是当地人参观我们的商店……" "……住得太远，无法捐赠给我们的商店……可能不会打扰……"	7. 慈善商店的免费接送服务困难重重 8. 在营业时间内很难去商店 9. 难以进入慈善商店的停车场 10. 住址太遥远，无法向慈善商店捐款

第6章 多级供应链中影响捐赠意愿的障碍和慈善商店作用的研究

调查问卷

在与慈善商店的经理进行半结构化访谈之后,首先确定了十个障碍。然后,我们使用5点李克特量表(1=非常低;5=非常高)通过问卷调查评估了这10个障碍(见表6-2)。要求受访者指出这些障碍对捐赠意愿的影响程度,并回答一些与受访者个人资料有关的封闭性问题。在采访中,一些管理人员提到受过较高教育的人们捐赠的频率更高。因此,我们从英国大学收集了电子邮件列表。该调查通过电子邮件发送给了7462名居住在英国的居民,并收集了222份可用的问卷。计算Cronbach'α值是为了测试回答的可靠性和问卷的内部一致性,结果是0.676。这显示出合理的内部一致性程度,因为Nunnally(1978)确定0.5是此类探索性工作的最小值。

表6-2 影响捐赠意愿的障碍

关键障碍	平均得分	标准偏差	秩
1. 缺乏优质的捐赠物品	3.711	1.112	1
2. 缺乏有关慈善商店可以接受哪些物品的信息	3.700	1.311	2
3. 缺乏对慈善商店使命的认识	3.246	0.952	3
4. 对捐赠所产生影响的认识不足	3.033	1.090	4
5. 对捐赠过程不熟悉	2.915	1.225	5
6. 缺乏有关慈善商店如何利用捐赠的信息	2.735	0.940	6
7. 慈善商店的免费接送服务困难重重	2.710	1.006	7
8. 在营业时间内很难去商店	2.666	1.032	8
9. 难以进入慈善商店的停车场	2.563	1.115	9
10. 住址太遥远,无法向慈善商店捐款	2.402	1.029	10

从123位女性(55.4%)和99位男性(44.6%)中收集了问卷。45岁以上、受雇且受过较高教育的受访者比年轻人、失业者和受教育程度较低的人捐赠的次数更多。绝大多数(78.9%)的捐赠者在考虑处置物品时选择捐赠,而66%的捐赠者在过去12个月中捐赠了不止一次。捐赠的大部分是衣服(78%)。在选择捐赠的慈善商店时,最信任他们的朋友(40.9%)和他们自

己的知识（34.6%）。只有10%的受访者表示，慈善商店的宣传可能会鼓励他们捐款，69.8%的人会向朋友或同事推荐慈善商店。

在表6-2中，障碍按重要性从高到低的顺序列出。例如，障碍1是缺乏最高质量的捐赠物品，它是调查中的最高级别障碍，因此在表中排名1。

解释性结构建模方法论

尽管单个因素可以解释这个复杂的问题，但是各个因素之间的相互关系可以更准确地解释（Attri、Dev 和 Sharma，2013）。ISM 方法是一种识别变量之间相互关系的方法（Agarwal、Shankar 和 Tiwari，2007）。我们使用 ISM 方法来识别障碍之间的关系并对其优先级进行排序。图6-2展示了准备 ISM 模型的流程。它逐步说明了数据收集过程和 ISM 方法。我们首先从半结构化访谈和调查中确定了10个阻碍捐赠意愿的障碍（见表6-2）。ISM 的第二步是找到障碍之间的相关性（见表6-3）：Spearman 的双变量双尾相关性检验是根据调查结果进行的。接下来，基于成对关系开发了结构自相互作用矩阵（见表6-4）。下一步是将结构自相互作用矩阵转换为可达性矩阵（见表6-5），然后将可达性矩阵划分为不同级别（见表6-6）。在表6-6中，发现一级障碍物1（缺乏优质的捐赠物品）、障碍物7（慈善商店的免费接送服务困难重重）和障碍物8（在营业时间内很难去商店），因此，这三个障碍应该位于 ISM 模型的顶部。此外，为了分析这些障碍的驱动力和依赖性，可以将它们分为四类（见图6-3）：自主障碍、依赖性障碍、独立障碍和联系障碍（Jharkharia 和 Shankar，2005）。具有较弱的驱动力和较弱依赖的障碍被归类为自主障碍。驱动力弱但依赖性强的障碍被归类为依赖性障碍。具有强大驱动力和强烈依赖性的障碍被归类为联系障碍。具有强大驱动力但依赖性较弱的障碍（障碍3、障碍5和障碍6）被归类为独立障碍。最后一步是根据可达性矩阵绘制基于 ISM 的影响捐赠意图的障碍模型图（见图6-4）。

第6章 多级供应链中影响捐赠意愿的障碍和慈善商店作用的研究

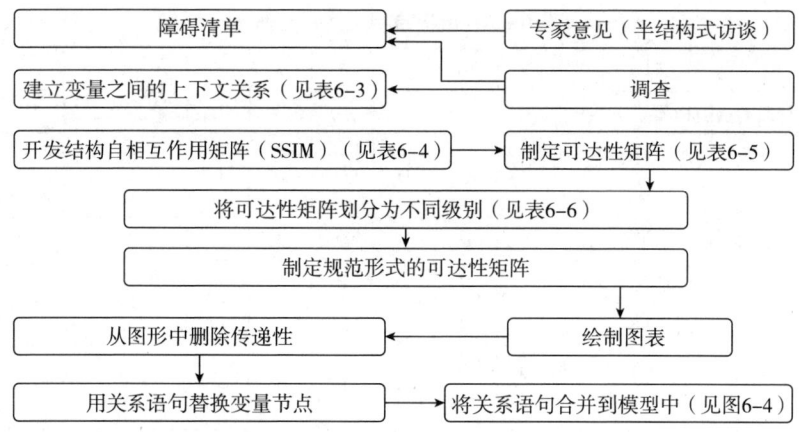

图 6-2 准备 ISM 模型的流程

表 6-3 相关矩阵

关键障碍	10	9	8	7	6	5	4	3	2
1. 缺乏优质的捐赠物品	0.198	0.231	0.272	0.231	0.337	0.259	0.214	0.218	0.221
2. 缺乏有关慈善商店可以接受哪些物品的信息	0.197	0.109	0.185	0.294	0.434	0.407	0.422	0.586	
3. 缺乏对慈善商店使命的认识	0.175	0.112	0.183	0.358	0.528	0.524	0.610		
4. 对捐赠所产生影响的认识不足	0.196	0.069	0.159	0.280	0.507	0.469			
5. 对捐赠过程不熟悉	0.217	0.112	0.261	0.360	0.496				
6. 缺乏有关慈善商店如何利用捐赠的信息	0.167	0.137	0.234	0.282					
7. 慈善商店的免费接送服务困难重重	0.082	0.115	0.091						
8. 在营业时间内很难去商店	0.384	0.369							
9. 难以进入慈善商店的停车场	0.289								
10. 住址太遥远,无法向慈善商店捐款									

表6-4 结构自相互作用矩阵

关键障碍	10	9	8	7	6	5	4	3	2
1. 缺乏优质的捐赠物品	D	D	D	D	B	D	D	D	D
2. 缺乏有关慈善商店可以接受哪些物品的信息	D	D	D	D	B	C	B	C	
3. 缺乏对慈善商店使命的认识	D	D	D	A	C	C	C		
4. 对捐赠所产生影响的认识不足	D	D	D	A	C	B			
5. 对捐赠过程不熟悉	D	D	D	A	C				
6. 缺乏有关慈善商店如何利用捐赠的信息	D	D	D	A					
7. 慈善商店的免费接送服务困难重重	D	D	D						
8. 在营业时间内很难去商店	B	B							
9. 难以进入慈善商店的停车场	D								
10. 住址太遥远，无法向慈善商店捐款									

四个符号（A、B、C、D）用于表示势垒（i和j）i<j的关系的方向：

A：如果"i"是"j"的预测变量。
B：如果"j"是"i"的预测变量。
C：如果"i"和"j"相互预测。
D：如果不存在关系。

表6-5 可达性矩阵

关键障碍	1	2	3	4	5	6	7	8	9	10	驱动力
1. 缺乏优质的捐赠物品	1	1	0	0	0	0	0	0	0	0	2
2. 缺乏有关慈善商店可以接受哪些物品的信息	1	1	0	0	0	0	1	1	0	0	4
3. 缺乏对慈善商店使命的认识	1	1	1	1	1	1	1	1	0	0	8
4. 对捐赠所产生影响的认识不足	1	1	1	1	0	1	0	1	0	0	6
5. 对捐赠过程不熟悉	1	1	1	1	1	1	1	1	0	0	8
6. 缺乏有关慈善商店如何利用捐赠的信息	1	1	1	0	1	1	0	1	0	0	6
7. 慈善商店的免费接送服务困难重重	1	0	0	0	0	1	1	0	0	0	3

第6章 多级供应链中影响捐赠意愿的障碍和慈善商店作用的研究

续表

关键障碍	1	2	3	4	5	6	7	8	9	10	驱动力
8. 在营业时间内很难去商店	1	0	0	0	0	0	0	1	1	1	4
9. 难以进入慈善商店的停车场	1	0	0	0	0	0	0	1	1	0	3
10. 住址太遥远,无法向慈善商店捐款	1	1	1	1	1	0	0	0	1	1	7
依存关系	10	7	5	5	3	4	6	6	3	2	

A:如果"i"是"j"的预测变量,则(i, j)为1, (j, i)为0。
B:如果"j"是"i"的预测变量,则(i, j)为0, (j, i)为1。
C:如果"i"和"j"相互预测,则(i, j)为1, (j, i)为1。
D:如果不存在关系,则(i, j)为0, (j, i)为0。

表6-6 迭代

障碍	可达集合	前集	交集	等级
				迭代1
1	1	1, 6	1	I
2	2, 5	2, 3, 4, 5, 6	2	
3	2, 3, 4, 5, 6, 7	3, 4, 5, 6	3, 4, 5, 6	
4	2, 3, 4, 6, 7	3, 4, 5, 6	3, 4, 6	
5	2, 3, 4, 5, 6, 7	2, 3, 5, 6	2, 3, 5, 6	
6	1, 2, 3, 4, 5, 6, 7	3, 4, 5, 6	3, 4, 5, 6	
7	7	3, 4, 5, 6, 7	7	I
8	8	8, 9, 10	8	I
9	8, 9	9	9	
10	8, 10	10	10	
				迭代2
2	2, 5	2, 3, 4, 5, 6	2, 5	II
3	2, 3, 4, 5, 6	3, 4, 5, 6	3, 4, 5, 6	
4	2, 3, 4, 6	3, 4, 5, 6	3, 4, 6	
5	2, 3, 4, 5, 6	2, 3, 5, 6	2, 3, 5, 6	
6	2, 3, 4, 5, 6	3, 4, 5, 6	3, 4, 5, 6	
9	9	9	9	II

续表

障碍	可达集合	前集	交集	等级
10	10	10	10	Ⅱ
				迭代 3
3	3, 4, 6	3, 4, 6	3, 4, 6	Ⅲ
4	3, 4, 6	3, 4, 6	3, 4, 6	Ⅲ
6	3, 4, 6	3, 4, 6	3, 4, 6	Ⅲ

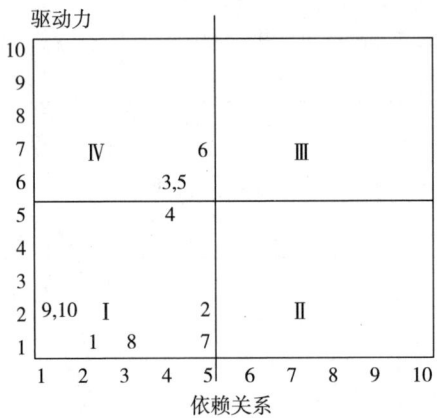

图 6-3 驱动力和依赖关系

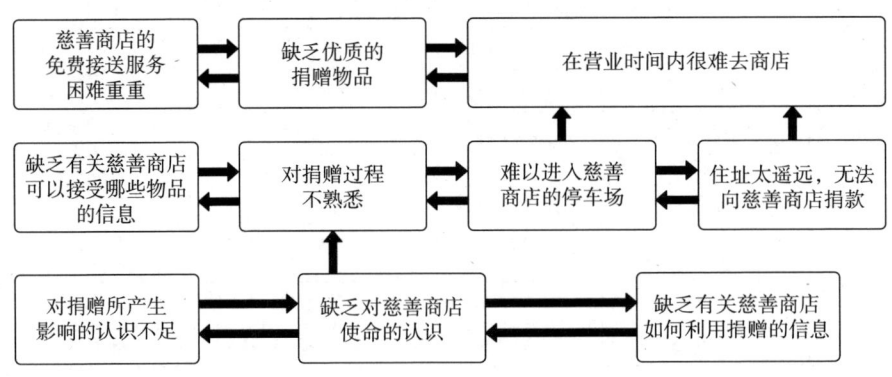

图 6-4 基于 ISM 的影响捐赠意图的障碍模型

6.4 研究分析与研究意义

与财务相关的障碍（缺少优质的捐赠物品）

调查结果表明，只有44.7%的受访者认为其捐赠商品的总体质量良好。先前的研究（Parsons 和 Broadbridge，2004；Horne，1998）表明，大多数慈善商店都是从当地居民那里收到捐款的，而只有少数几家从中央仓库定期收到货款。根据访问结果，当地慈善商店（如圣卡斯伯特临终关怀医院）的捐款依赖当地居民。一些大型的慈善商店确实从中央仓库接收货物（如乐施会）。如今，低质量的快速时尚品牌（如 Primark）在英国很受欢迎。当此类品牌流行时，它会影响捐赠给慈善商店的商品质量。此外，根据采访结果，大多数慈善商店的经理表示，捐赠物品的整体质量不是很好，他们需要志愿者来进行回收、清洁和熨烫工作。例如，圣卡斯伯特临终关怀医院的经理说："……捐赠服装的质量不太好……我们通常需要对其进行称重，然后卖给一家名为 RAG 的回收公司……" Scope 的管理人员提道："……它们不是很好……在楼上用洗衣机清洗衣服……我们的志愿者将熨烫衣服……" 此外，以马忤斯（Emmaus）的经理声称："捐赠产品的质量很差，因为人们在经济不确定时期会更长时间地拿东西。"由于人们在衰退期间可能倾向于保留时间较长的旧物品或将其出售以换现金，因此，他们可能没有任何优质物品留给慈善商店。

与信息相关的障碍（缺乏有关慈善商店可以接受哪些物品的信息；缺乏对慈善商店使命的认识；对捐赠所产生影响的认识不足；对捐赠过程不熟悉；缺乏有关慈善商店如何利用捐赠的信息）

调查结果表明，只有11.3%的受访者熟悉慈善商店可以接受的物品类型，只有28.2%的受访者熟悉不同的慈善商店的使命，只有9.3%的受访者认为他们的捐赠会产生影响，只有16.7%的受访者熟悉捐赠过程，只有19.6%的受访者认为慈善商店清楚地解释了他们如何使用捐赠。影响人们向慈善商店捐赠二手物品的重要因素之一是能够在一个方便的地方摆脱大量物品的便利性（Albinsson和Yasanthi Perrera，2009）。但是，慈善商店出于某些原因无法接受某些物品。例如，英国红十字会声明以下物品不予接受：果冻鞋和人字拖鞋，没有CE标志的玩具、宗教物品和毛皮服装（BRC，2020）。因此，有必要告知捐赠者慈善商店可以接受的物品。鼓励潜在的捐赠者在捐赠之前检查商店接受的物品清单。此外，圣卡斯伯特临终关怀医院和艾玛斯医院的管理人员提道："我们很小，所以当人们只想一天搬走家具时，我们无法立即采取行动收货……"并且"我们是一个无家可归的慈善机构，状况不佳众所周知，这不是第一个人们想到的慈善机构……"因此，慈善商店可能需要在广告上进行投资，以提高对其使命、捐赠过程和捐赠产生的影响的认识。关于慈善商店的使命，Stallworth Williams（2008）指出，要使品牌蓬勃发展，就必须提高对其使命的认识，让顾客和潜在支持者都知道他们是谁，他们做什么。研究表明，公司使命的明确性与公司绩效成正比。全面而直接的使命声明有助于吸引忠实客户（Dermol和Sirca，2018）。人们越来越多地向慈善商店捐款，这是因为人们对促进再利用以及对环境和伦理的兴趣日益浓厚（Parsons和Broadbridge，2004；Chattoe，2000）。由于缺乏来自慈善商店的信息，人们更有可能向最近或最方便的商店捐款。由于慈善商店之间的竞争越来越激烈，他们可能需要提高对其使命的认识。社交媒体呈指数增长,社交网络可以帮助慈善商店传播有关其使命的信息。

就捐赠的影响而言,慈善商店通过对街头零售业产生稳定的影响,提供志愿和就业机会以及商品的再利用和回收利用,产生了重大的经济、社会和环境效益(Osterley 和 Williams,2018)。由于重复使用商品带来的环境效益,越来越多的人向慈善商店捐款。捐赠给慈善商店的近 95% 的服装已售出或回收(Harrison – Evans,2017)。大约有 323000 吨的衣物捐赠给了慈善商店,否则这些废弃物将被运往垃圾填埋场。这为英国议会节省了约 2700 万英镑的垃圾掩埋税,并将二氧化碳排放量减少了近 680 万吨(Osterley 和 Williams,2018)。当人们确切知道捐赠会产生什么影响时,他们更有可能捐赠。因此,慈善商店有必要告知人们捐赠的影响。此外,根据访问结果,大多数慈善商店通过在线娱乐、电子邮件以及张贴捐赠袋和传单来介绍捐赠活动的影响。例如,救世军的经理说:"我们在募捐活动中很清楚……而且我们的慈善商店工作人员都经过良好的培训,可以识别质量,因为他们会在店内进行分类,确定哪些是我们的客户可以接受的……我们做广告来鼓励捐款……我们在窗户外面有招牌……"此外,儿童协会的负责人说:"该公司进行在线广告……我们还通过电子邮件与捐赠者进行沟通……"英国心脏基金会的经理说:"我们有服装银行……我们做在线广告……我们做公司……总公司会做……"此外,乐施会的经理说:"我们公司通常有回收劣质产品的计划……通常将未售出的物品运往乐施会的废物回收站……Frip Ethique 计划是进行分类和再利用……"此外,先前分析社交媒体作用的研究表明,Twitter 和 Facebook 等网络是吸引捐款的有用工具(Wallace、Buil 和 de Chernatony,2017)。因此,慈善商店可能不会发布信件以提高人们对捐赠影响的认识,而是会将其关注点转移到社交媒体上。

在捐赠过程中,捐赠者在捐赠之前需要了解一些事项。大多数慈善机构的官方网站上都列出了该过程。首先，强烈建议捐赠者在捐款之前先致电或参观一家慈善商店，以询问需要什么，免费收集时间表，不被接受的物品等。例如，基于访谈结果，特别是关于收集捐款的方法，乐施会和英国心脏基金会的管理人员提道："……我们提供免费接送服务，房屋清关服务，人们需要打电话预定约会"和"……人们打电话预定约会，我们会选择它……"其次，在捐赠物品之前，应先对其进行清洁和修理。不含香料的洗衣粉可用于保护皮肤敏感的消费者。应检查物品是否有拉链断裂和纽扣缺失，因为大多数慈善商店无法更换这些物品。再次，捐助者应考虑他们的物品是否值得购买。捐赠的质量越好，慈善商店可以从销售中筹集更多的资金。又次，由于大多数慈善商店没有大型仓储设施，建议捐赠者提供适合当季的物品。例如，根据访问结果，英国心脏基金会和Scope的管理人员提到，收到的大部分货物都不是当前季节的货物，非当前季节的衣物将被清洗并包装在储藏室中。但是，由于这些慈善商店位于大街上，因此存储空间非常有限。最后，要求捐赠者在捐赠前从口袋或钱包中取出所有个人物品。

慈善商店在两个层面上使用捐赠的物品：再利用和回收（Horne，2000）。他们出售捐赠的物品，并帮助延长他们的生命周期。可以在使用寿命结束时对服装进行升级，以制成汽车内饰、新织物和纸张（Horne，2000）。例如，根据访问结果，大多数慈善商店在处理质量较差的捐赠时都会对其进行回收或称重，然后出售给回收公司。救世军的经理特别指出："……我们还有其他途径来重复利用或回收无法在我们的慈善商店中出售的物品，这也有助于将某些物品从废物流中转移出去，从而有利于环境……在家具方面，我们有许多志愿者喜欢回收或修理损坏的物品，以便可以再次使用它们……"此外，乐施会的经理说："……我们公司通常有回收劣质产品的计划……通常，未售出的物品将送到乐施会废物回收厂进行回收……Frip Ethique计划是分类和再利用……"因此，慈善商店可能需要散布有关如何使用捐赠的信息。当人们得知慈善商店如何使

第6章 多级供应链中影响捐赠意愿的障碍和慈善商店作用的研究

用捐款时,他们可能会被说服捐款。

与便利相关的障碍(慈善商店的免费接送服务困难重重;在营业时间内很难去商店;难以进入慈善商店的停车场;住址太遥远,无法向慈善商店捐款)

调查结果表明,大多数受访者更喜欢去慈善商店,而不是使用服装店或预订免费的接机服务。他们之所以不去商店捐赠,是因为他们要捐赠的商品太重或太大(25.7%);他们没有时间(25%);他们住得太远了(21.4%);很难在商店外停车(16.4%);开放时间不可用(16.4%)。大部分(84.8%)的受访者从未使用过免费接机服务;在拥有者中,有53.1%的人说,他们经常错过预定的时间段。几乎一半(45.5%)的受访者用过衣服的银行;其中47.5%的受访者这样做是因为这很容易,因为银行全天候营业;20.9%的人选择使用服装店,因为这样可以节省时间。这些结果在很大程度上与以前的研究一致。Horne 和 Maddrell(2002)认为,便利是影响捐赠意愿的最重要因素。免费接送服务为捐赠者提供了便利,并帮助慈善商店覆盖了更大的地理区域(Reyes 和 Meade, 2006)。但是,由于缺乏捐赠者的信息,慈善商店很难决定收集频率和收集时间。根据采访结果,乐施会和英国心脏基金会等一些大型慈善商店提供免费接送服务或"门到门"取件,房屋清关服务,但人们需要先致电预约。但是,一些较小的慈善商店,如 Scope、Age UK,目前负担不起免费接送服务。而且,慈善商店仅在特定时段提供免费接送服务。由于捐赠者无法选择时间,因此他们可能会错过筹款活动。

志愿者参与慈善商店的日常运营活动。目前有超过23万名志愿者在英国的慈善商店工作。有些商店甚至完全由一小部分志愿者经营(慈善零售协会,2020a)。由于缺少志愿者,一些慈善商店可能不会每天营业。例如,根据采访结果,St Cuthberts Hospice 的经理提道:"……我们需要更多的志愿者……如果没有志愿者,有些产品将在仓库中等待几天分类……"而且,Scope 的经理说:"……有些商品不是当前季节的商品,我们需要更多的志愿者来对货物进行分类……"此外,许多慈善商店在周末不营业。慈善商店的营业时间通常比大街商店要短。由于这些时间限制,有些人可能不愿意捐赠。

20世纪80年代后期,英国慈善商店的形象从劣质的二手贸易商店转变为主要的高街商店(Parsons,2000)。大街上慈善商店的存在提高了对其父母慈善事业的认识。研究表明,有59%的人认为,高街上慈善商店的存在会鼓励人们捐款(Osterley和Williams,2018)。根据采访结果,一些管理人员提到由于缺乏网上商店,人们需要去商店购物和捐款。并且,由于有限的停车位和停车费,捐赠者可能不会去理会捐赠。随着城镇行人专用区的增加,人们不再能够免费停车、免费捐赠物资,这可能会影响人们的捐赠意愿。

此外,地理位置是影响慈善商店吸引捐款能力的最重要因素之一。地理位置对慈善商店的知名度和曝光度有重要影响(Alexander 等,2008; Horne,1998; Horne,2000)。大多数慈善商店都位于大街上,因此,如果捐赠者的住所太远,可能会觉得捐赠不方便(Horne,1998)。根据采访结果,一些管理人员提到他们是高街商店,捐赠者可能会觉得很难停车进入他们的商店,并且由于地理位置的缘故,主要是当地人来逛商店,居住较远的人们可能不愿意去他们的商店捐款。

研究意义

结合最终ISM模型(见图6-4)和调查结果(见表6-2),根据图6-3中的驱动力和依赖关系,可以解释障碍之间的相互关系,并按优先级对它们进行排序。问卷调查结果(见表6-2)表明,缺乏高质量的捐赠物品是最大的障碍,这也反映在ISM模型中(见图6-4)。因此,应将此障碍作为最高优先事项并给予最高重视。从结果和讨论中得出的管理意义之一是慈善商店需要发展潜在的干预措施以确保高质量的捐赠。慈善商店可以使用在线平台和社交媒体。在线销售和通过社交媒体进行促销可以使慈善商店被更多的捐赠者看到,重要的是要赋予在线状态很多个性。慈善商店可以让志愿者和工作人员参与其中,进行各种交流和互动,从而可能吸引更多的潜在捐赠者。社交媒体可以使捐赠者进行有意义的参与,并将这种参与转化为可能的高质量捐赠。慈善商店可以询问追随者,他们希望在慈善商店中看到哪种物品。这不仅可以增加与潜在捐赠者的联系,还可以潜在地看到您需要准备的东西,确保高需求的物品可能是一个不错的起点。慈善商店可以在线呼吁当前所需的特定物品,这种帖子可以提醒潜在的捐赠者检查他们计划整理的内容,慈善商店可能会鼓励追随者在其官方社交媒体账号上加上标签,这可能会提高在线形象并增加获得优质捐赠的机会。特别地,利用在线平台和社交媒体的优势可以帮助小巷里的慈善商店被广大客户群所了解,并获得可能的优质捐赠。

尽管"缺乏对慈善商店使命的认识"在 ISM 框架的层次结构中较低(见图 6-4),但这是调查结果中最重要的障碍(见表 6-2)。该障碍具有强大的驱动力和较低的依赖性(见图 6-3)。因此,此障碍是强大的驱动力,并且可能是所有其他障碍的根本原因,这可能也是为什么受访者仍然将此障碍视为最重要的障碍之一的原因。因此,缺乏任务意识是高度优先事项。捐赠者可能倾向于为他们所认同的慈善商店捐款。精心设计的使命宣言有助于在不限制其商业目的的情况下将慈善商店与竞争对手区分开来。慈善商店可能会使用图像和视频来提高其使命感,视觉效果可能会使任务陈述更具有吸引力,这样可以获得很高的社会知名度和分享率,并最终大大提高他们的品牌知名度。

根据 ISM 模型(见图 6-4)和调查结果(见表 6-2),对捐赠过程和慈善商店可以接受的物品缺乏了解是中等水平的障碍。缺乏对捐赠过程的了解具有较高的驱动力,而缺乏慈善机构可以接受的物品信息具有较高的依赖性。这两个障碍也是相辅相成的。因此,它们被赋予中等优先级。从基于 ISM 的模型进一步观察到,缺乏对捐赠影响的认识以及关于慈善商店如何使用捐赠的信息都处于 ISM 模型的底部（见图 6-4），但基于中层障碍在调查结果中对捐赠意向有重大影响。因此，它们被赋予中等优先级。因此，慈善商店应制定策略以提高人们对捐赠影响的认识，并向潜在的捐赠者告知慈善商店如何利用捐赠。使用在线平台或社交媒体，可以轻松地使捐赠者了解捐赠过程，提高对捐赠影响的认识，并向潜在捐赠者告知慈善商店如何利用捐赠。社交媒体是一种强大的工具，可以使慈善商店与许多潜在的捐赠者接触。慈善商店可以要求捐赠者在社交媒体上分享他们的捐赠经验，这有助于获得更大的曝光度，比传统的投递信件方式更为有效。

如图 6-3 所示，居住较远难以停车，难以提供免费接送服务以及在开放时间内进行捐赠的障碍具有较弱的驱动力和依赖性（见图 6-3）。调查结果还将它们确定为低级别障碍（见表 6-2），因此它们被视为低优先级。慈善商店可以实施一个系统、一个网页或一个应用程序，捐赠者可以在其中预订免费的接送服务并在线选择收集时间。如果缺乏地方或小型慈善商店来实施这种系统的资金，管理人员可以与当地社区和在线追随者进行接触，通过开展讨论来收集筹款想法。无论是院子买卖还是赞助，这都是与他们互动的绝佳机会。

6.5　贡献和局限性

本章采用混合方法从经验上评估了供应方障碍。为此，根据有关代理理论和利益相关者理论的文献，开发了一个理论框架，以探索慈善商店在多层供应链中的作用及其捐赠流程。慈善商店缺乏传统的供应链；相反，它们的存货严重依赖捐赠者的捐款。慈善商店在多层供应链中的角色及其捐赠流程对于了解慈善供应链的独特方面非常有用，这些有助于评估慈善商店的供应方面的障

第6章 多级供应链中影响捐赠意愿的障碍和慈善商店作用的研究

碍。本章还讨论了慈善商店的三个角色：客户和受益人的供应商、捐赠者的合作伙伴以及监管机构的监督者，解释了从物品采购到向受益人提供慈善服务的捐赠流程。为了分析影响捐赠意愿的障碍，首先，与14家慈善商店的经理进行了深入的半结构化访谈；其次，从捐助者那里收集了222份可用的问卷，以进一步了解所发现障碍之间的关系；最后，采用ISM方法检查障碍之间的相互关系。调查和ISM框架都将"缺乏高质量的捐赠物品"视为最大的障碍。因此，它最需要关注。

这项研究通过探索慈善商店在多层供应链中的作用和捐赠流程，为文献做出了贡献，此信息对于了解慈善供应链的独特方面很有用。最重要的是，本书采用了包括调查和ISM在内的混合方法，以分析影响捐赠意愿的障碍之间的相互关系，并对其优先级进行排序。这些结果对于慈善管理者来说非常有用，有助于他们了解当前获取优质股票的障碍，并根据这些障碍的优先级制定潜在的保证股票存量的干预措施。

该研究具有以下局限性：首先，我们仅收集了222个可用问卷。这个小样本可能无法反映英国捐赠者行为的真实情况。其次，数据是在某个时间点收集的，因此可能仅反映该时刻的某些现象，未来的研究（如对英国慈善机构进行纵向研究以追踪障碍的变化）可以在一定程度上克服这些限制。最后，本书应用了ISM方法。但是，ISM模型并不总是经过统计验证（Attri、Dev和Sharma，2013；Agarwal等，2007）。结构方程建模可以测试已经开发的理论模型的有效性，但不能开发用于测试的初始模型。因此，未来的研究可能会首先应用ISM来开发初始模型，并进一步证实ISM方法与结构方程模型之间的关系。

第 7 章

研究总结与展望

제 2 장

비평형 통계역학

第 7 章 研究总结与展望

供应链突变事件给供应链成员甚至整个经济社会带来了深刻的教训，企业界和学术界都在努力寻找方法使越来越复杂的供应链网络在不确定的环境中保持稳定可靠的运营状态，并且尽量减少突变事件对供应链造成的损失。但是，无论人类怎样努力预防供应链突变风险，自然灾害、运营意外和人为事件的发生都是不可避免的。因此，减小突变事件给供应链网络带来的损失，抓住突变事件给供应链网络带来的机遇，采取合理的生产库存策略，使供应链在遭受突变事件后尽快恢复到良好的运营状态至关重要。

7.1 研究总结

本书在对现有供应链库存管理以及供应链动力学行为研究工作进行综述分析，并对受突变事件影响，供应端和需求端发生突变的供应链管理研究进行阐述的基础上，以需求遭受阶跃型突变影响的供应链为对象，引进了度量供应链绩效的新指标，并基于非线性动力学理论，研究了使供应链尽快恢复至新的稳定状态的供应链库存管理策略；以生产—库存系统为研究对象，分别研究了当供应链遭受需求突变时的最优生产库存策略，以及当生产和需求都遭受突变影响时的最优生产库存策略，为供应链生产库存管理提供了理论指导和决策依据。本书的研究成果主要包括以下几个方面：

（1）需求遭受突变时的供应链动力学行为分析。建立供应链系统订单、库存等状态变量，顾客需求等输入变量，供应链库存管理策略中相关控制参数如需求预测参数、库存调整参数等之间相互关系的状态空间模型，为分析库存管理策略对供应链系统内在动力学行为的影响奠定基础。进一步研究了供应链系统的稳定性，引入收敛时间以及订单瞬时放大率作为度量供应链绩效的指标，分析使库存和订单重新恢复至稳定状态的时间尽可能短的供应链库存管理策略。

(2) 在阶跃型突变需求下考虑订单提前期时的供应链动力学行为分析。研究需求预测、订货决策以及订单提前期对供应链成员库存和订单动力学行为的影响，建立供应链系统订单、在途库存、在库库存等状态变量，顾客需求等输入变量，供应链库存管理策略中相关控制参数之间相互关系的状态空间模型，分析在库库存、在途库存以及订单恢复至稳定状态所需的收敛时间，以及需求发生突变前后的瞬时订单放大率，分析使库存和订单重新恢复至稳定状态的时间尽可能短的供应链库存管理策略。

(3) 在需求端发生突变时从调节生产率角度出发的生产库存计划调整策略。将由一个生产商和一个零售商组成的生产—库存系统作为研究对象，建立生产—库存模型，生产商在周期初针对原有生产率和预测需求率制定生产率，使周期内所有需求得到满足，并且周期末库存降为零。周期内发生需求突变，根据突变发生时间和突变强度的不同，分情形讨论了需求突变发生后，生产商应该怎样调节生产率，是否应该采取外部补货的方法，如果需要进行外部补货，那么补货时间和补货量应该如何选择，才能满足阶跃型突变需求，并且使周期末剩余库存最少。通过仿真方法，分析了需求突变相关参数对生产库存策略的影响。

(4) 同时考虑需求端和生产端发生突变时从调节生产时间角度出发的生产库存计划调整策略。将由一个生产商和一个零售商组成的生产—库存系统作为研究对象，建立生产—库存模型，在生产率确定的情况下制定生产时间，使周期内所有需求得到满足，并且周期末无剩余库存。同时，考虑生产端和需求端都发生突变，根据突变时间和突变强度的不同细分为不同的情形，在不同情形下研究了生产商采取的最优生产库存策略,其中包含生产时间的调整策略,决定补货次数、补货时间、补货量的补货策略。通过仿真方法,分析了需求突变和生产突变的相关参数对生产库存策略的影响。

7.2 本书主要创新点

本书基于非线性动力学理论,对供应链系统的库存和订单等状态变量的动力学行为进行研究,建立库存、订单、顾客需求以及库存管理策略中的相关参数之间的关系,在此基础上,对生产—库存系统进行了研究,分析了突变事件发生后,生产商调整生产库存计划的策略。本书的主要创新点体现在以下几个方面:

(1) 给出了阶跃型突变需求下离散供应链系统绩效度量的新方法。已有文献对供应链绩效进行度量时,一般采取"牛鞭效应"以及长期平均成本作为度量指标,顾客需求一般假设为独立同分布、AR(1)、ARMA(p,q)等平稳随机过程,然而"牛鞭效应"、长期平均成本难以度量顾客需求是非平稳随机过程时的供应链绩效。为了度量顾客需求是阶跃型突变需求时的离散供应链系统绩效,本书引入了两个新的指标:收敛时间和订单瞬时放大率。基于非线性动力学理论,从供应链系统的稳定性、供应链系统受顾客突变需求影响后恢复稳定的能力、订单瞬时放大率角度寻找度量阶跃型确定性顾客需求下的供应链库存管理策略,揭示了库存管理策略对供应链系统恢复至稳定状态的速度的作用机理。

(2) 获得了生产需求双突变时特定情形下的生产库存管理策略。虽然近年来大量的文献研究供应链突变管理策略,但大多是生产端或需求端发生单个突变，同时考虑生产端和需求端发生突变的情况较少。本书建立了生产—库存模型，提出了基于调节生产计划联合外部补货的生产—库存策略，针对飓风"桑迪"影响下的取暖油供应链发生的生产率降低、需求率增加的情形进行了研究，给出了面对这类突变情形的生产商应该采取的生产—库存策略。

（3）生产需求双突变下，从突变时间和突变强度两个维度出发，提出了不同情形下生产—库存计划的完备方案。已有的生产需求双突变时的供应链管理策略研究成果多以定价、协调策略为主，从生产—库存系统寻找应对策略的研究较少，仅有的一些研究也大多是针对某种特定的突变情形展开的。本书以生产需求双突变下的生产—库存系统为研究对象，从突变时间和突变强度两个维度出发，获得了不同生产需求突变情形下生产—库存计划的完备方案。

7.3 研究展望

在不确定环境下的供应链系统作为供应链领域的一个新兴和热门的研究对象，尽管学者倾注很多心血从供应链库存管理角度对其进行研究，但还未形成完善的研究。本书对阶跃型突变需求下的供应链系统的动力学行为、生产—库存策略进行了探索性研究，但由于问题本身的复杂性以及笔者工作条件和能力的限制，本书还存在很多可以进一步研究的问题。

（1）当需求发生阶跃型随机突变时，研究供应链系统的动力学行为，研究使供应链系统恢复到新的稳定状态所需的收敛时间，以及突变发生前后订单的瞬时放大率，进而提出使供应链系统尽快恢复到稳定状态的库存管理策略，进一步研究需求突变发生时间和突变强度对最优库存策略的影响。

（2）当需求发生阶跃型随机突变时，研究使供应链系统恢复到稳定状态所需的收敛时间,研究在这一波动过程中使供应链运作成本最低并且系统尽快恢复到稳定状态的库存管理策略,进一步研究需求突变发生时间和突变强度对最优库存策略的影响。

(3) 本书针对生产—库存系统在运营过程中遭受一次需求突变的影响,研究了最优的生产库存策略。然而,在供应链系统发生多次需求突变事件时,生产商怎样调整生产策略和补货策略,使库存能与多次突变的市场需求相匹配,对此,本书没有进行相关研究。因此,将现有研究成果推广到多次突变的供应链系统也是未来一个重要的研究方向。

(4) 为降低需求发生突变风险时带来的损失,本书主要研究生产计划和库存管理策略的调整方法,而在实际问题中,企业通过多种方式降低突变带来的损失,企业社会责任(Corporate Social Responsibility,CSR)投资策略正逐步受到企业界和学术界的关注,CSR成本投资是提高顾客忠诚度、扩大市场规模的有效手段。对此,我们可以进行探索性研究,用以从不同角度降低突变给供应链带来的损失。首先,研究当需求不发生突变时供应链最优价格决策以及CSR投资决策;其次,研究当需求发生突变时,以企业利润最大化为目标,供应链成员应该如何在原有决策的基础上进行调整,从而得出供应链利润与CSR投资额以及最优价格之间的函数关系;最后,研究需求突变时间以及需求突变强度对最优价格决策以及CSR决策的影响。

参考文献

[1] Abdel – Hamid T. K. The Dynamics of Software Development Project Management: An Integrative System Dynamics Perspective [D]. Cambridge (MA): Sloan School of Management, MIT, 1984.

[2] Ahmadi – Javid A., Seddighi A. H. A Location – routing Problem with Disruption Risk [J]. Transportation Research Part E: Logistics and Transportation Review, 2013, 53 (7): 63 – 82.

[3] Anupindi R., Akella R. Diversification under Supply Uncertainty [J]. Management Science, 1993, 39 (8): 944 – 963.

[4] Babich V. Vulnerable Options in Supply Chains: Effects of Supplier Competition [J]. Naval Research Logistics (NRL), 2006, 53 (7): 656 – 673.

[5] Babich V., Aydln G., Brunet P. Y., et al. Risk, Financing and the Optimal Number of Suppliers [J]. SSRN Electronic Journal, 2013: 195 – 240.

[6] Babich V., Burnetas A. N., Ritchken P. H. Competition and Diversification Effects in Supply Chains with Supplier Default Risk [J]. Manufacturing & Service Operations Management, 2007, 9 (2): 123 – 146.

[7] Baek J. W., Moon S. K. A Production – inventory System with a Mark-

ovian Service Queue and Lost Sales [J]. Journal of the Korean Statistical Society, 2016, 45 (1): 14-24.

[8] Bai Y., Zhou P., Tian L., et al. Desirable Strategic Petroleum Reserves Policies in Response to Supply Uncertainty: A Stochastic Analysis [J]. Applied Energy, 2016, 162 (1): 1523-1529.

[9] Ballard K. N. Emergency Management Strategies for the Retail Industry [D]. Auburn: Auburn University, 2011.

[10] Berman O., Kapla E. H., Shimask D. G. Deterministic Approximations for Inventory Management at Service Facilities [J]. IIE Transactions, 1993 (25): 98-104.

[11] Berman O., Kim E. Dynamic Inventory Strategies for Profit Maximization in a Service Facility with Stochastic Service, Demand and Lead Time [J]. Computational Statistics, 2004, 60 (3): 497-521.

[12] Berman O., Sapna K. P. Inventory Management at Service Facilities for Systems with Arbitrarily Distributed Service Times [J]. Commun Statist - stochastic Models, 2000, 16 (3-4): 343-360.

[13] Berman O., Sapna K. P. Stochastic Inventory Management at Service Facilities [J]. Stochastic Models, 1999 (15): 695-718.

[14] Cao E. B., Ma Y. J., Wan C., Lai M. Y. Contracting with Asymmetric cost Information in a Dual-channel Supply Chain [J]. Operations Research Letters, 2013, 41 (4): 410-414.

[15] Cao E. B., Wan C., Lai M. Y. Coordination of a Supply Chain with one Manufacturer and Multiple Competing Retailers under Simultaneous Demand and Cost Disruptions [J]. International Journal of Production Economics, 2013, 141 (1): 425-433.

[16] Chao X., Chen H., Zheng S. Dynamic Capacity Expansion for a Service Firm with Capacity Deterioration and Supply Uncertainty [J]. Operations Research, 2009, 57 (1): 82 – 93.

[17] Chen K., Zhuang P. Disruption Management for a Dominant Retailer with Constant Demand – stimulating Service Cost [J]. Computers & Industrial Engineering, 2011, 61 (4): 936 – 946.

[18] Chen K. B., Xiao T. J. Demand Disruption and Coordination of the Supply Chain with a Dominant Retailer [J]. European Journal of Operational Research, 2009, 197 (1): 225 – 234.

[19] Chopra S., Reinhardt G., Mohan U. The Importance of Decoupling Recurrent and Disruption Risks in a Supply Chain [J]. Naval Research Logistics, 2007, 54 (5): 544 – 555.

[20] Christopher W. C. The Severity of Supply Chain Disruptions: Design Characteristics and Mitigation Capabilities [J]. Decisions Sciences, 2007, 38 (1): 131 – 156.

[21] Chung C. J., Widyadana G. A., Wee H. M. Economic Production Quantity Model for Deteriorating Inventory with Random Machine Unavailability and Shortage [J]. International Journal of Production Research, 2011, 49 (3): 883 – 902.

[22] Ciarallo F. W., Akella R., Morton T. E. A Periodic – review Production planning Model with Uncertain Capacity and Uncertain Demand – optimalty of Extended Myopic Policies [J]. Management Science, 1994, 40 (3): 320 – 332.

[23] Clausen J., Hansen J., Larsen J. Disruption Management [J]. OR/MS Today, 2001, 28 (5): 40 – 43.

[24] Cárdenas – Barrón L. E., Sana S. S. A Production – inventory Model for

a Two - echelon Supply Chain When Demand is Dependent on Sales Teams Initiatives [J]. International Journal of Production Economics, 2014, 155 (3): 249 - 258.

[25] Deng S. J., Elmaghraby W. Supplier Selection via Tournaments [J]. Production and Operations Management, 2005, 14 (2): 252 - 267.

[26] Dessert P. E., James S. D. Applying Chaos to Manufacturing Process Optimization [J]. Journal of Advanced Manufacturing Systems, 2002, 1 (2): 2001 - 2210.

[27] Dill M. Capital Investment Cycles: A System Dynamics Modelling Approach to Social Theory Development [C]. Istanbul: The 15th International System Dynamics Conference, 1997.

[28] Federgruen A., Heching A. Combining Pricing and Inventory Controlunder Uncertainty [J]. Operations Research, 1999, 47 (3): 454 - 475.

[29] Forrester J. W. Couterintuitive Behavior of Social System [J]. Technology Review, 1971, 73 (3): 52 - 68.

[30] Forrester J. W. Industrial Dynamics: A Major Breakthrough for Decision Makers [J]. Harvard Business Review, 1958, 36 (4): 37 - 66.

[31] Forrester J. W. Industrial Dynamics [M]. US, Cambridge Mass: MIT Press, 1961.

[32] Forrester J. W. Principle of Systems [M]. US, Cambridge Mass: MIT Press, 1968.

[33] Forrester J. W. Urban Dynamics [M]. US, Cambridge Mass: MIT Press, 1969.

[34] Forrester J. W. World Dynamics [M]. US, Cambridge Mass: MIT Press, 1971.

[35] Garcia C. A., Ibeas A., Vilanova R. A Wwitched Control Strategy for

Inventory Control of the Supply Chain [J]. Journal of Process Control, 2013, 23 (6): 868 – 880.

[36] Ghare P. M., Schrader S. F. A Model for Exponentially Decaying Inventory [J]. Journal of Industrial Engineering, 1963, 14 (5): 238 – 243.

[37] Ghiami Y., Williams T. A Two – echelon Production – inventory Model for Deteriorating Items with Multiple Buyers [J]. International Journal of Production Economics, 2015, 159 (1): 233 – 240.

[38] Giri B. C., Sharma S. Optimal Production Policy for a Closed – loop Hybrid System with Uncertain Demand and Return under Supply Disruption [J]. Journal of Cleaner Production, 2016, 112 (3): 2015 – 2028.

[39] Gupta V., He B., Sethi S. P. Contingent Sourcing under Supply Disruption and Competition [J]. International Journal of Production Research, 2015, 53 (10): 3006 – 3027.

[40] Hammami R., Nouira I., Frein Y. Carbon Emissions in a Multi – echelon Production – inventory Model with Lead Time Constraints [J]. International Journal of Production Economics, 2015, 164 (6): 292 – 307.

[41] Han J., Shin K. Evaluation Mechanism for Structural Robustness of Supply Chain Considering Disruption Propagation [J]. International Journal of Production Research, 2015, 54 (1): 135 – 151.

[42] He B., Huang H., Yuan K. The Comparison of Two Procurement Strategies in the Presence of Supply Disruption [J]. Computers & Industrial Engineering, 2015, 85 (7): 296 – 305.

[43] He Q. M., Jewkes E. M. Performance Measures of a Make – to – order Inventory – production System [J]. IIE Transactions, 2000, 32 (5): 409 – 419.

[44] He Y., Wang S. Analysis of Production – inventory System for Deterio-

rating Items with Demand Disruption [J]. International Journal of Production Research, 2012, 50 (16): 4580 -4592.

[45] He Y., Wang S. Y., Lai K. K. An Optimal Production - inventory Model for Deteriorating Items with Multiple - market Demand [J]. European Journal of Operational Research, 2010, 203 (3): 593 -600.

[46] Henig M., Gerchak Y. The Structure of Periodic Review Policies in the Presence of Random Yield [J]. Operations Research, 1990, 38 (4): 634 -643.

[47] Hishamuddin H., Sarker R. A., Essam D. A Disruption Recovery Model for a Single Stage Production - inventory System [J]. European Journal of Operational Research, 2012, 222 (3): 464 -473.

[48] Holt C. C. Planning Production, Inventories, and Work Force [J]. Journal of the American Statistical Association, 1962, 57 (297): 222.

[49] Homer J. B., Clair C. L. A model of HIV Transmission through Needle Sharing [J]. Interfaces, 1991, 21 (3): 26 -29.

[50] Hou J., Zeng A. Z., Zhao L. Coordination with a backup Supplier through Buy - back Contract under Supply Disruption [J]. Transportation Research Part E: Logistics and Transportation Review, 2010, 46 (6): 881 -895.

[51] Huang S., Yang C., Zhang X. Pricing and Production Decisions in Dual - channel Supply Chains with Demand Disruptions [J]. Computers & Industrial Engineering, 2012, 62 (1): 70 -83.

[52] Huang C., Yu G., Wang S., Wang X. Disruption Management for Supply Chain Coordination with Exponential Demand Function [J]. Acta Mathematica Scientia, 2006, 26 (4): 655 -669.

[53] Huang S., Yang C., Liu H. Pricing and Production Decisions in a Dual -

channel Supply Chain When Production Costs are Disrupted [J]. Economic Modelling, 2013, 30 (1): 521 –538.

[54] Hwarng H. B., Xie N. Understanding Supply Chain Dynamics: A Chaos Perspective [J]. European Journal of Operational Research, 2008 (184): 1163 – 1178.

[55] Hwarng H. B., Yuan X. Interpreting Supply Chain Dynamics: A Quasi – chaos Perspective [J]. European Journal of Operational Research, 2014, 233 (3): 566 –579.

[56] Iakovou E., Vlachos D., Xanthopoulos A. A Stochastic Inventory Management Model for a Dual Sourcing Supply Chai with Disruptions [J]. International Journal of Systems Science, 2010, 41 (3): 315 –324.

[57] Ivanov D., Sokolov B., Dolgui A. The Ripple Effect in Supply Chains: Trade – off 'efficiency – flexibility – resilience' in Disruption Management [J]. International Journal of Production Research, 2014, 52 (7): 2154 –2172.

[58] Kazaz B. Production Planning under Yield and Demand Uncertainty with yield Dependent Cost and Price [J]. Manufacturing and Service Operations Management, 2004, 6 (3): 209 –224.

[59] Kim I., Springer M. Measuring Endogenous Supply Chain Volatility: Beyond the bullwhip effect [J]. European Journal of Operational Research, 2008, 189 (1): 172 –193.

[60] Kleindorfer P. R., Saad G. H. Managing Disruption Risks in Supply chains [J]. Production and Operations Management, 2005, 14 (1): 53 –68.

[61] Kouvelis P., Milner J. M. Supply Chain Capacity and Outsourcing Decisions: The Dynamic Interplay of Demand and Supply Uncertainty [J]. IIE transactions, 2002, 34 (8): 717 –728.

[62] Kutzner S. C., Kiesmuller G. P. Optimal Control of an Inventory – production System with State – dependent Random Yield [J]. European Journal of Operational Research, 2012, 227 (3): 444 –452.

[63] Larsen E. R., Morecroft J. D. W., Thomsen J. S. Complexity Behaviour in a Production – distribution Model [J]. European Journal of Operational Research, 1999 (119): 61 –74.

[64] Laugesen J., Mosekilde E. Border – collision Bifurcations in a Dynamic Management Game [J]. Computers and Operations Research, 2006 (33): 464 –478.

[65] Lei D., Li J., Liu Z. Supply Chain Contracts under Demand and Cost Disruptions with Asymmetric Information [J]. International Journal of Production Economics, 2012, 139 (1): 116 –126.

[66] Lewis B. M. Inventory Control with Risk of Major Supply Chain Disruptions [D]. Georgia Institute of Technology, 2005.

[67] Li J., Wang S., Cheng T. C. E. Competition and Cooperation in a Single – retailer two – supplier Supply Chain with Supply Disruption [J]. International Journal of Production Economics, 2010, 124 (1): 137 –150.

[68] Liao J. J. On an EPQ Model for Deteriorating Items under Permissible Delay in Payments [J]. Applied Mathematical Modelling, 2007, 31 (3): 393 –403.

[69] Lodree E. J. Pre – storm Emergency Supplies Inventory Planning [J]. Journal of Humanitarian Logistics and Supply Chain Management, 2011, 1 (1): 50 –77.

[70] Ma L., Xue W., Zhao Y., et al. Loss – averse Newsvendor Problem with Supply Risk [J]. Journal of the Operational Research Society, 2016, 67

(2): 214 –228.

[71] Meyer R., Rothkopf M., Smith S. Reliability and Inventory in a Production – storage System [J]. Management Science, 1979, 25 (8), 799 –807.

[72] Mohebbi E. A Production – inventory Model with Randomly Changing Environmental Conditions [J]. European Journal of Operational Research, 2006, 174 (1): 539 –552.

[73] Moinzadeh K., Aggarwal P. Analysis of a Production/inventory System Subject to Random Disruptions [J]. Management Science, 1997, 43 (11): 1577 –1588.

[74] Mosekilde E., Laugesen J. L. Nonlinear Dynamic Phenomena in the Beer Model [J]. System Dynamics Review, 2007, 23 (2): 229 –252.

[75] Mukhopadhyay S. K., Ma H. Joint Procurement and Production Decisions in Remanufacturing under Quality and Demand Uncertainty [J]. International Journal of Production Economics, 2009, 120 (1): 5 –17.

[76] Nagatani T., Helbing D. Stability Analysis and Stabilization Strategies for Linear Supply Chains [J]. Physica A, 2004 (335): 644 –660.

[77] Onozaki T., Sieg G., Yokoo M. Complex Dynamics in a Cobweb Model with Adaptive Production Adjustment [J]. Journal of Economic Behavior & Organization, 2000 (41): 101 –115.

[78] Ouyang Y. The Effect of Information Sharing on Supply Chain Stability and the Bullwhip Effect [J]. European Journal of Operational Research, 2007 (182): 1107 –1121.

[79] Parlar M., Wang D. Diversification under Yield Randomness in Inventory Models [J]. European Journal of Operational Research, 1993, 66 (1): 52 –64.

[80] Paul S. K., Sarker R., Essam D. A Disruption Recovery Plan in a Three - stage Production - inventory System [J]. Computers & Operations Research, 2015, 57: 60 - 72.

[81] Paul S. K., Sarker R., Essam D. Real Time Disruption Management for a Two - stage Batch Production - inventory System with Reliability Considerations [J]. European Journal of Operational Research, 2014, 237 (1): 113 - 128.

[82] Qi L., Shen M. Z., Snyder L. V. A Continuous - review Inventory Model with Disruptions at both Supplier and Retailer [J]. Production and Operations Management, 2009, 18 (5): 516 - 532.

[83] Qi X. T., Bard J., Yu G. Supply Chain Coordination with Demand Disruptions [J]. Omega, 2004, 32 (4): 301 - 312.

[84] Riddallsy C. E., Bennettz S. The Stability of Supply Chains [J]. International Journal of Production Research, 2002, 40 (2): 459 - 475.

[85] Sadeghi J., Sadeghi S., Niaki S. A Hybrid Vendor Managed Inventory and Redundancy Allocation Optimization Problem in Supply Chain Management: An NSGA - II with Tuned Parameters [J]. Computers & Operations Research, 2014, 41 (1): 53 - 64.

[86] San - José L. A., Sicilia J., García - Laguna J. Optimal Lot Size for a Production - inventory System with Partial Backlogging and Mixture of Dispatching Policies [J]. International Journal of Production Economics, 2014, 155 (9): 194 - 203.

[87] Sana S. S. A Production - inventory Model in an Imperfect Production Process [J]. European Journal of Operational Research, 2010, 200 (2): 451 - 464.

[88] Sargut F. Z., Qi L. Analysis of a Two - party Supply Chain with Random

Disruptions [J]. Operations Research Letters, 2012, 40 (2): 114 – 122.

[89] Sawik T. On the Risk – averse Optimization of Service Level in a Supply Chain under Disruption Risks [J]. International Journal of Production Research, 2016, 54 (1): 98 – 113.

[90] Schmitt A. J., Snyder L. V., Shen Z. J. M. Inventory Systems with Stochastic Demand and Supply: Properties and Approximations [J]. European Journal of Operational Research, 2010, 206 (2): 313 – 328.

[91] Serel D. A., Dada M., Moskowitz H. Sourcing Decisions with Capacity Reservation Contracts [J]. European Journal of Operational Research, 2001, 131 (3): 635 – 648.

[92] Sheffi Y. Supply Chain Management under the Threat of International Terrorism [J]. The International Journal of Logistics Management, 2001, 12 (2): 1 – 11.

[93] Shu T., Chen S., Wang S. Y., Lai K. K. GBOM – oriented Management of Production Disruption Risk and Optimization of Supply Chain Construction [J]. Expert Systems with Applications, 2014, 41 (1): 59 – 68.

[94] Silbermayr L., Minner S. A Multiple Sourcing Inventory Model under Disruption Risk [J]. International Journal of Production Economics, 2014, 149 (2): 37 – 46.

[95] Sipahi R., Delice I. I. Stability of Inventory Dynamics in Supply Chains with Three Delays [J]. International Journal of Production Economics, 2010 (123): 107 – 117.

[96] Sterman J. D. Modeling Management Behavior: Misperceptions of Feed – back in a Dynamic Decision Making Experiment [J]. Management Science, 1989, 35 (3): 321 – 339.

[97] Sterman J. D. System Dynamics Modeling for Project Management [R]. Cambridge (MA): Sloan School of Management, MIT, 1992.

[98] Tang C. S. Robust Strategies for Mitigating Supply Chain Disruptions [J]. International Journal Logistics: Research and Applications, 2006, 9 (1): 33 -45.

[99] Tang S. Y., Gurnani H., Gupta D. Managing Disruptions in Decentralized Supply Chains with Endogenous Supply Process Reliability [J]. Production and Operations Management, 2014, 23 (7): 1198 -1211.

[100] Tomlin B. On the Value of Mitigation and Contingency Strategies for Managing Supply Chain Disruption Risks [J]. Management Science, 2006, 52 (5): 639 -657.

[101] Tomlin B. T. Disruption - management Strategies for Short Life - cycle Products [J]. Naval Research Logistics, 2009, 56 (4): 318 -347.

[102] Wan H., Wang Q. Asymptotically - optimal Component Allocation for Assemble - to - order Production - inventory Systems [J]. Operations Research Letters, 2015, 43 (3): 304 -310.

[103] Wang H. W., Liu H. X., Yang J. B. Dynamic Analysis of a Two - stage supply Chain - a Switched System Theory Approach [J]. The International Journal of Advanced Manufacturing Technology, 2009, 43 (1/2): 200 -210.

[104] Wang X., Disney S. M., Wang J. Exploring the Oscillatory Dynamics of a Forbidden Returns Inventory System [J]. International Journal of Production Economics, 2014 (147): 3 -12.

[105] Wang Y., Gerchak M. Periodic Review Production Models with Variable Capacity, Random Yield, and Uncertain Demand [J]. Management Science, 1996, 42 (1): 130 -137.

[106] Wilding R. D. Chaos Theory: Implications for Supply Chain Management [J]. International Journal of Logistics Management, 1998 (9): 43 – 56.

[107] Xia Y., Yang J., Golany B., et al. Real – time Disruption Management in a Two – stage Production and Inventory System [J]. IIE Transactions, 2004, 36 (1): 1 – 15.

[108] Xiao T., Yu G., Sheng Z., et al. Coordination of a Supply Chain with one – manufacturer and Two – retailers under Demand Promotion and Disruption [J]. Management Decisions, 2005, 135 (1): 87 – 109.

[109] Xiao T. J., Qi X. T. Price Competition, Cost and Demand Disruptions and Coordination of a Supply Chain with one Manufacturer and Two Competing Retailers [J]. Omega, 2008, 36 (5): 741 – 753.

[110] Xiao T. J., Qi X. T., Yu G. Coordination of Supply Chain after Demand Disruptions when Retailers Compete [J]. International Journal of Production Economics, 2007, 109 (1): 162 – 179.

[111] Xu M. H., Gao C. X. Supply Chain Coordination with Demand Disruptions under Convex Production Cost Fuction [J]. Wuhan University Journal of Natural Science, 2005, 10 (3): 493 – 498.

[112] Xu M. H., Qi X. T., Yu G., et al. The Demand Disruption Management Problem for a Supply Chain System with Nonlinear Demand Fuctions [J]. Journal of System Science and System Engineering, 2003, 12 (1): 82 – 97.

[113] Xu X., Shang J., Wang H., et al. Optimal Production and Inventory Decisions under Demand and Production Disruptions [J]. International Journal of Production Research, 2016, 54 (1): 287 – 301.

[114] Xu X. L., Wang H. Y., Juan Z. R. The Performance of Supply Chain Inventory Management under Step – deterministic Demand [J]. ICIC Express Let-

ters, 2014, 7 (3A): 853 –859.

[115] Yang J. Production Control in the Face of Storable Raw Material, Random Supply, and an Outside Market [J]. Operations Research, 2004, 52 (2): 293 –311.

[116] Yang J., Qi X., Yu G. Disruption Management in Production Planning [J]. Naval Research Logistics, 2005, 52 (5): 420 –442.

[117] Yang P., Wee H. A single – vendor and Multiple – buyers Production – inventory Policy for a Deteriorating Item [J]. European Journal of Operational Research, 2002, 143 (3): 570 –581.

[118] Yang Z., Babich V. Does a Procurement Service Provider Generate Value for the Buyer through Information about Supply Risks? [J]. Management Science, 2015, 61 (5): 979 –998.

[119] Yano C., Lee H. Lot – sizing with Random Yields: A Review [J]. Operations Research, 1995, 43 (2): 311 –334.

[120] Yu H., Zeng A. Z., Zhao L. Single or Dual Sourcing: Decision – making in the Presence of Supply Chain Disruption Risks [J]. Omega, 2009, 37 (4): 788 –800.

[121] Zhang C., Wang H. A state – space Based Study of Stability, Bullwhip Effect and Total Costs in two – stage Supply Chain [J]. International Journal of Innovative Computing, Information and Control, 2012, 8 (5A): 3399 –3410.

[122] Zhang P., Xiong Y., Xiong Z. K. Coordination of a Dual – channel Supply Chain after Demand or Production Cost Disruptions [J]. International Journal of Production Research, 2015, 53 (10): 3141 –3160.

[123] Zhang W., Fu J., Li H., Xu W. Coordination of Supply Chain with a Revenue – sharing Contract under Demand Disruptions when Retailers Compete

[J]. International Journal of Production Economics, 2012, 138 (1): 68 - 75.

[124] Zhang Y., Snyder L. V., Qi M., et al. A Heterogeneous Reliable Location Model with Risk Pooling under Supply Disruptions [J]. Transportation Research Part B: Methodological, 2016 (83): 151 - 178.

[125] Zhu S. X. Dynamic Replenishment, Production, and Pricing Decisions, in the Face of Supply Disruption and Random Price - sensitive Demand [J]. International Journal of Production Economics, 2013, 146 (2): 612 - 619.

[126] 曹二保, 赖明勇. 成本和需求同时扰动时供应链协调合约研究 [J]. 管理科学学报, 2010, 2010 (7): 9 - 15.

[127] 曹二保, 郑健哲, 马玉洁, 赖明勇. 双渠道供应链应对需求扰动的协调机制研究 [J]. 管理学报, 2014, 11 (2): 267 - 273.

[128] 曹志广, 杨军敏, 王其藩. 证券市场价格行为系统动力学研究 [J]. 管理科学学报, 2005, 8 (1): 62 - 72.

[129] 高波, 石书生, 韦诗韵. 需求和价格时间敏感下供应链应对突发事件 [J]. 控制与决策, 2011, 26 (9): 1363 - 1366, 1372.

[130] 侯玉梅. 简单生产—库存系统的优化控制 [J]. 系统工程理论与实践, 2003 (4): 1 - 6.

[131] 胡劲松, 王虹. 三级供应链应对突发事件的价格折扣契约研究 [J]. 中国管理科学, 2007 (3): 103 - 107.

[132] 杰·W. 弗瑞斯特. 工业动力学 [M]. 胡汝鼎, 杨通谊译. 北京: 科学出版社, 1985.

[133] 雷东, 高成修, 李建斌. 需求和生产成本同时发生扰动时的供应链协调 [J]. 系统工程理论与实践, 2006 (9): 51 - 59.

[134] 李卓群, 严广乐. 不确定需求下带约束供应链系统复杂动态行为分析 [J]. 控制与决策, 2016, 31 (1): 173 - 179.

[135] 刘会新,王红卫,费奇. 一类库存控制系统的稳定性分析[J]. 计算机集成制造系统,2004,10(11):1396-1401.

[136] 刘会新,王红卫,王正国. 二级链式供应链系统的动态特性分析[J]. 华中科技大学学报(自然科学版),2005,33(12):92-95.

[137] 刘会新. 一种简单供应链系统的复杂行为[J]. 计算机集成制造系统,2007,13(3):585-589.

[138] 路应金,唐小我,张勇. 供应链产品定价行为混沌特性及其混沌预测[J]. 控制与决策,2006,21(4):445-448.

[139] 路应金,唐小我,张勇. 供应链中牛鞭效应的分形特征研究[J]. 系统工程学报,2006,21(5):463-468.

[140] 路应金,唐小我,周宗放. 集成供应链系统生产决策行为混沌特性研究[J]. 管理工程学报,2005,19(14):31-35.

[141] 庞庆华. 收益共享契约下三级供应链应对突发事件的协调研究[J]. 中国管理科学,2010(4):101-106.

[142] 邱若臻,黄小原,苑红涛. 需求分布不确定条件下的多周期库存鲁棒优化模型[J]. 控制与决策,2014,26(9):1644-1648.

[143] 王传涛,申金升,纪寿文. 生产成本和需求同时扰动下供应链的协调[J]. 计算机集成制造系统,2010,16(6):1307-1312.

[144] 王海燕,张冲,佘光. 基于期望库存的供应链系统放大效应控制[J]. 计算机集成制造系统,2012,18(1):156-162.

[145] 王旭坪,杨相英,杨挺,王琪. 动态路况下考虑决策者风险感知的地震物资调配动力学模型[J]. 系统管理学报,2015,24(2):174-184.

[146] 杨智辉,陈宏,赵千,马荣华. 随机需求和生产成本同时扰动下的供应链波及效应[J]. 管理学报,2010,7(5):728-732.

[147] 于海生,赵林度. 考虑变质商品的供应链网络设计可靠性模型

[J]. 东南大学学报（英文版），2007（S1）：1-7.

[148] 于辉，陈剑，于刚. 回购契约下供应链对突发事件的协调应对[J]. 系统工程理论与实践，2005，25（8）：38-43.

[149] 于辉，陈剑，于刚. 协调供应链如何应对突发事件[J]. 系统工程理论与实践，2005，25（7）：9-16.

[150] 于辉，陈剑. 需求依赖于价格的供应链应对突发事件[J]. 系统工程理论与实践，2007（3）：36-41.

[151] 张根林，谢浩. 供应中断情况下的库存控制模型研究[J]. 系统工程理论与实践，2006（12）：69-77.

后 记

当我写完论文的最后一个标点，二十多年的求学生涯就要在此时画上休止符，这一刻我内心此起彼伏，竟至久不能平静！回想过往，这一路走来，有许多的难忘和美好，充实了我的人生，丰富了我的阅历，也历练了我的心性。现在的我乐观、积极、自信，这一切都离不开良师益友们的支持、鼓励和帮扶，我由衷地感激你们！

感谢我的导师王海燕教授，他在本书选题、资料查找、论文构架、写作直至定稿的整个过程中都给予了悉心的指导。王老师给我的印象不仅仅是渊博的专业知识、严谨的治学态度和创造性的学术思维，还有为人处事的智慧，以及不骄不躁的行事态度，这些都让我受益良多。

感谢我在美国匹兹堡大学的联合培养导师 Jennifer Shang 教授。在联培的一年里，Shang 教授对我在学术研究中遇到的问题耐心解答，他敏捷的思维方式和扎实的学术功底深深地让我折服。

感谢东南大学系统工程研究所的赵林度教授、吴广谋教授、韩瑞珠教授、何勇教授、李四杰副教授、符小玲副教授、薛巍立副教授、孙胜楠老师和赖明辉老师等，多年来，他们都曾给过我悉心的指导和无私的帮助，从他们身上，我学会了风格多样的研究方法，感悟了独树一帜的学术思想，获得了无比珍贵的博众家之长的机会。

还要感谢同门师兄弟张冲、马鹏、隽志如、刘健、吴军建、石雪飞、张子超等在生活和学习上对我的指点和帮助。感谢东南大学系统工程研究所的所有师兄（弟姐妹）和匹兹堡大学商学院的同事及访问学者，与他们在科研上广泛而有益的讨论推动着我不断进步。

最后，特别感谢我的父母和家人，他们任劳任怨，默默贡献，给予我最坚定也最无私的支持，营造了一个和谐、温馨的家庭，这些都是我勤奋工作与不断进步的动力。祝福所有关心和支持我的老师、同学、朋友和亲人们！